ПРАВЕДНЫЙ ИОАНН КРОНШТАДТСКИЙ
(СЕРГИЕВ)

ЖИВОЙ КОЛОС

ORTHODOX LOGOS PUBLISHING

ЖИВОЙ КОЛОС
праведный Иоанн Кронштадтский (Сергиев)

Икона на обложке книги:
«праведный Иоанн Кронштадтский (Сергиев)»,
Неизвестный автор

© 2024, Orthodox Logos Publishing, The Netherlands

www.orthodoxlogos.com

ISBN: 978-1-80484-174-7

This book is in copyright. No part of this publication may be reproduced, stored in a retrieval system or transmitted in any form or by any means without the prior permission in writing of the publisher, nor be otherwise circulated in any form of binding or cover other than that in which it is published without a similar condition, including this condition, being imposed on the subsequent purchaser.

ПРАВЕДНЫЙ ИОАНН КРОНШТАДТСКИЙ
(СЕРГИЕВ)

ЖИВОЙ КОЛОС

ORTHODOX LOGOS PUBLISHING

СОДЕРЖАНИЕ

Вступление 7

О вере и Церкви православной.
Враги веры и Церкви

. . . . 19

Часть I 20

Часть II 29

Часть III 39

Часть IV 49

Грехопадение и последствия его 61

Часть I 62

Часть II 73

Часть III 84

Земной путь христианина к Богу 95

Часть I 96

Часть II 106

Часть III 116

Часть IV 125

Часть V 135

Ответственность человека-христианина
перед Богом 145

Часть 1 146

Часть 2 156

Часть 3 166

Выдержки из дневника для биографии
о. Иоанна Кронштадтского 176

Слово 181

Биография:
праведный Иоанн Кронштадтский (Сергиев) 181

ВСТУПЛЕНИЕ

Данный сборник, наполненный молитвенными и вдохновенными размышлениями о. Иоанна, представляет собой его заключительный дневник, записанный в период с 1907 по 1908 год. Передавая рукопись своего дневника для публикации, о. Иоанн назвал его «Живой колос». Сложно передать ту искреннюю радость, которую испытывал Батюшка при мысли о новом издании и его восторг от выбранного им самим названия. Эта радость ревностного труженика на ниве Божией отчасти созвучна радости утомленного трудом пахаря, увидевшего многообещающий плод своих непрекращающихся трудов. Его труд – это «живой колос», поскольку семена, которые в нём посеяны, – это «глаголы вечной жизни», Слово Божие; это «живой колос», потому что каждое зернышко, взятое с него с верой, станет началом новой жизни в Боге. Понятно, почему Батюшка испытывал такую чистую радость – он 53 года молился и трудился, сея и поливая Божьи семена, и теперь находил утешение в осознании вечности своих трудов.

В размышлениях о. Иоанна, составляющих содержание дневника, затрагиваются темы Бога, веры, Церкви, жизни во Христе и вечной жизни. Это та духовная атмосфера, в которой должна пребывать душа верующего христианина. В данном издании мысли о. Иоанна структурированы в пять глав. Первая глава посвящена теме веры и Православной Церкви, отношению современных христиан к вере и Церкви, а также тем, кто препятствует делу Божьему. Среди них особое место занимает Лев Толстой, который считается злейшим врагом Православия, и рассматриваются заблуждения католиков. В следующих трёх главах описывается необходимый путь христианина – путь от земного к небесному, путь освобождения от греха и дьявола, а также восхождение к Богу через следование заповедям Христа. И, наконец, в заключительной главе Батюшка делится своими личными переживаниями, рассказывает о борьбе с врагом спасения, о своём стремлении к Богу, выражает желание поскорее «увидеть Его, желанного, всеблагого, прекрасного, всеблаженного, бессмертного Отца и Владыку, поклониться Ему лично», прославить и возблагодарить Бога за 79 лет жизни и 53 года священства, за пережитые скорби и утешения, за Божье долготерпение и совершенное прощение в покаянии, особенно за святейшее Таинство Тела и Крови Христовых, одним словом – «возблагодарить Бога за все, за все!».

Этот дневник подобен утешительному духовному завещанию, которое дорогой Батюшка оставил всем искренне верующим людям, желающим спасти свою душу через веру в Бога и святую Церковь. Взор Батюшки главным образом обращён на углубление нашего понимания смысла падения человека и его искупления Сыном Божиим; как приблизиться к Христу и через Него обрести вечную блаженную жизнь – вот чему учит о. Иоанн в своём последнем труде, опираясь на Священное Писание, учение Церкви и собственный духовный подвиг, главной целью которого было именно это блаженнейшее единение с Христом. В дальнейшем мы приведём краткое изложение этих взглядов, основываясь на опубликованных здесь последних наставлениях Батюшки, на что мы получили благословение от самого о. Иоанна.

В результате искушения дьяволом и несоблюдения Божьей заповеди в раю, человек по собственной воле утратил Божью любовь и перенаправил свою извращённую любовь на самого себя (эгоизм) и земные блага. «Променять Бога на тварь, любовь к Творцу – на преданность лукавой твари, святейший неотъемлемый союз с Творцом – на нечистый, лукавый, злой и тленный союз с тварями» – это было делом крайнего безумия. «Плотскою красотой и минутной страстью враг прельщает, а от Источника духовной и вечной красоты, от Бога отвращает и ни во что Его считает и в смерть порывает. Вот безумие!» Ужасное безумное падение человека, обусловленное неизбежными последствиями греха. Падение было глубоким, широким и гибельным. Через грех мы стали чужими Богу, несообщими Ему, потеряв подобие Божие, подобие Его святости и приблизившись к диаволу, виновнику греха и зла; грех лишил человека свободы в Боге и сделал его рабом безумной суеты и тления. Разлучившись с Богом, Источником жизни, человек наследовал лукавство вражье, его суету, страсть к тлению, злобу, гордость, зависть и смерть. Вместе с человеком и весь мир, сотворенный Богом из ничего, сделался чужим Богу.

Но грех, этот «яд сатаны», однажды воспринятый человеком, заразил все человечество. Ева прельстилась плодом запрещенным, и вот все человечество впало в прелесть житейскую, стало прельщаться. Падение стало постоянным и неизбежным: никакие гражданские законы не в силах удержать человека от грехопадения; грех зарождается в нас ещё в утробе матери и в чреслах отца и с возрастом нашим возрастает и укрепляется. Каждый человек сам осознаёт свою греховность, чувствуя себя в состоянии потери, подобно заблудившемуся человеку, а также испытывая принудительное стремление ко злу, поскольку лукавый дух, с момента падения человека, начал властно царствовать в нём, в то время как добро и его Источник – Бог, удалившийся из сердца человека, не принуждает, а привлекает к себе нравственной красотой, душевным миром и обещаниями вечной жизни. Грех мучителен для человека, действуя в нём «властно, ненасытно и гибельно», убивая душу и тело навеки, но он столь же властно манит человека своей «прелестью»; мучительность и прелестность – вот резкие, но основные характеристики греха в целом. «О грех, грех! Сколь ты пагубен!»

«Сколько врагов у человека падшего, пленника! Собственная коварная, многострастная плоть, диавол, бодрствующий и коварствующий над погибелью нашей, мир прелюбодейный и грешный, со всеми лукавыми обычаями и прелестями, со всею суетой и непостоянством своим». Хотя люди сами виноваты в своих грехах, но сатана является причиной бездны грехов. Предостерегая от диавола и произнося ему «торжественное проклятие» как первому отступнику от Бога, Его вечной правды, порядка, мира и блаженства, указывая всем на него как на врага, хульника и льстеца нашего, о. Иоанн раскрывает перед нами козни дьявольские и его безобразие. Орудием воздействия на человека дьявол избрал мир, его прелести, над которыми он возымел власть как «князь мира», когда человек, поддавшись вражьей лести, лишился власти над природой (миром) и передал своё начальство врагу. Своим всескверным, смертоносным и мучительным ядом диавол действует, подобно заразе, на самые слабые стороны человека, то есть на страсти, возникшие в нас после падения. Рассчитывая на невнимательность и легкомыслие человека, враг наш действует либо неожиданно наносящими скорбями, желая внушить отчаяние, либо прелестью плотской красоты и сиюминутной сладости. Поскольку главная Божья заповедь – это любовь, являющаяся основополагающим требованием для блаженной жизни («если я раздам все имение свое и отдам тело мое на сожжение, а любви не имею, нет мне в том никакой пользы» – (1Кор. 13, 3)), то и диавол, как основополагающее требование, также использует любовь, но не святую любовь к Богу и во имя Божие, а любовь мира сего – любовь прелюбодейную и любовь к земным почестям. «Спешит, спешит неимоверно, ловит человека диавол, чтобы погубить его навеки». И как много людей уже стали жертвами широко расставленных сетей диавола, жертвами его широкой огненной пасти, которой он поглощает неверных. Тот, кого одолеет и победит диавол, подвергается вечному плену, стыду и муке. «Враг нашего спасения вот уже около восьми тысяч лет остается верен своей лукавой губительной системе». Но диавол скрывается от человека, скрывая своё безобразие и нелепый вид, чтобы человек не возненавидел его и не почувствовал отвращения и ненависти. «О, окаянный, прочь от меня, враг истины и правды Божьей!»

Мир, князем и господином которого был поставлен от Бога человек, этот мир, как орудие диавола, также стал врагом человека. Чтобы победить этого врага, «смотри на всё как на тень преходящую», – говорит о. Иоанн.

Наконец, врагом человека стала его собственная многострастная плоть. Через тысячу похотей она пытается отдалить душу от Бога, ослабить, осквернить и умертвить её. Поэтому святые Божии на протяжении всей своей жизни старались умертвить плоть или её властное и губительное влияние на душу. Пост и страдания плоти (болезни) – это необходимые спасительные средства для преодоления этого лукавого «домашнего» врага. Спасительные для нас страдания плоти посылаются нам Самим Богом, от Которого исходит всякое благо; поэтому не ропот, а терпение и благодарность Богу должна вознести верующая душа даже в самых тяжёлых болезнях. Сам много пострадавший плотью с детства, Батюшка, повторяя слова Апостола Павла, говорит: доколе я буду с тобою, «кто избавит меня от сего тела смерти?» (Рим. 7, 24).

Чтобы вновь соединить человека с Богом, восстановить в нём образ Божий и избавить от пагубного искушения, на землю пришёл Христос, Сын Божий. Если человек утратил богоподобие, то Сам Бог благоволил уподобиться человеку в воплощении; если человек пал из-за горделивого несоблюдения заповедей Творца, то Христос искупил нас смиренным исполнением закона; если слабое человечество должно было страдать от мучений диавола, то Богочеловек, спасая людей от сетей врага, сам претерпел страдания и победил нашего убийцу – диавола. «Христос Бог, пострадав и умерши за нас и воскресши, потопил благодатью Своей все преступление верующего в Него рода человеческого»; поэтому искупление – это дарование людям вторичного, нравственного бытия, или, по Писанию, – пакибытия. Воплощение Сына Божия – это великая милость, в которой проявились правда, мудрость, благость и всемогущество Божие, – было сверхъестественным средством, поскольку оно необыкновенно, дивно, богообразно, неоценимо для человеческой природы. Так произошло спасение людей, в котором человеку даровано больше благодати, чем было до падения. Только верующие в Христа и учреждённую Им на земле Церковь обретают спасение; вне Церкви, которой передано истинное учение Христово, спасительные таинства и руководство пастырей, нет спасения. «О Божественная наша вера, Божественное православие, паче солнца сияющее православие, завоеванное нам кровью апостольскою, иерархическою, мученическою, преподобническою и всеправеднической, прииди к нам! О драгоценная жемчужина! О сокровище, сокровенное на поле (в сердце и в Церкви)! О обновление! О нетление! О свете! О соль Божественная! О солнце пресветлое! О самая жизнь вечная! О примирение совершенное с Богом праведным людей грешных! О златая цепь с небом! О златая лестница на небо!»

Хотя искупление совершено, хотя страшная Кровь Сына Божия, приносимая на литургии, ежедневно ходатайствует за нас перед престолом Отца Небесного, но каждый человек должен сознательно принять это спасение, каждый сам должен соединиться с Христом всем своим мышлением, всей душой и всем сердцем, используя для этого благодатные средства и указания Церкви. «Познай христианство во всём его духе, плане Божием, в его всецелой идее, величественной широте, благости, премудрости и правде Божией, подивись величию дела Божия, дела спасения человеческого рода, смиренно и преданно преклонись перед ним и будь исполнителем христианских добродетелей с помощью благодати Божией» – вот кратко, но выразительно изображённый прямой и единственный путь христианина к Богу.

Господь наш Иисус Христос от каждого верующего требует подвига, который становится тем труднее, чем сильнее укоренился в человеке грех. Этот подвиг заключается в следующем: во-первых, необходимо осознать своё ужасное падение и необходимость восстановления и исправления; будь строгим судьёй самого себя, помня о том, что есть Праведный Судья, каждый миг судящий тебя, и о том, что твой конец близок; свою волю, склонную ко греху, сопоставь со святой волей Божией, и ты смиришься перед совершенствами Бога. «Устыдись себя, оплачь своё неверие, нерадение, косность, леность, суетность, безумие и прочие страсти». Во-вторых, нужно ни, но готовым для жизни вечной. Тот, кто при жизни своей утешал нас, немощных, и поддерживал нас, слабых, посылая благодатные силы от Христа, Которому он верою молился, будет изливать на нас сугубую благодатную помощь, видя Господа лицом к лицу, если мы будем просить его молитвы. «Бог и святые, – говорил он, – так же слышат нас на молитве, как слышат друг друга люди, разговаривающие между собой, или как слышат проповедника люди, пришедшие в храм, или как воины – голос вождя, – слышат даже несравненно лучше и совершеннее, потому что мы слышим слова другого, но не знаем, что у него на сердце и в мыслях. Бог же и святые не так: видят, что у нас в мыслях и на сердце – Бог Сам, Своим всеведением, а святые благодатью Святого Духа, в Котором они вечно пребывают». Да будет труд сей в утешение от того, кто нашёл ныне в Боге покой и блаженство, мы же, вспоминая дела, жизнь и кончину дорогого Батюшки, будем «подражать вере его» (Евр. 13, 7). Во исполнение воли автора, завещавшего произвести издание в возможно более изящном виде, каждая книжка сопровождается портретом о. Иоанна, подписанным им за 20 дней до смерти, и собственноручным эпиграфом его, в котором содержатся тексты Священного Писания, данные о. Иоанном специально для этого издания. Кроме того, по указанию самого автора, обложка книжки представляет художественное изображение «живого колоса», взросшего на духовной ниве его. Перевязанные снопы, по мысли о. Иоанна, показывают момент разлучения от земли, необходимый для того, чтобы стать «живым колосом» на небе. «Смерть есть рождение в жизнь вечную».

вание путем добродетели, путем исполнения Божьих заповедей. Только безумец может отказаться от исполнения Божьих заповедей, в которых заключены святость и блаженство, жизнь и мудрость. «Наша жизнь – это непрестанное испытание посредством житейских обстоятельств и столкновений с людьми – насколько мы преклонны душой и сердцем к вере, надежде и любви к Богу, Творцу своему, и любви к ближнему и насколько склонны ко греху и различным житейским плотским страстям, или к послушанию диаволу, действующему через страсти плотские и прелести мира». Испытывая таким образом людей, Бог допускает диаволу действовать злонамеренно, чтобы ещё больше проявилось Его бесконечное долготерпение и чтобы ещё ярче засверкали подвиги и доблести людей, преданных Богу; для же нераскаянных (каков и Лев Толстой) долготерпение Божие послужит для увеличения наказания. И вот, из уст любвеобильного пастыря изливается пламенная молитва за всю современную нам Россию: «Господи, спаси народ русский, Церковь Православную в России – погибающую: всюду разврат, всюду неверие, богохульство, безначалие… Господи, все в Твоих руках. Ты – Вседержитель!»

Первое и основное требование закона Христова – это любовь к Богу. Нужно любить Бога, потому что в Нём бездна жизни, святости и света; все Его дела и вся природа непрестанно прославляют совершенства своего Творца – благого, премудрого, бесконечно разумного; особенно громко говорят о совершенствах Творца души человеческие, созданные по образу и подобию Божию. Любовь к Богу требует постоянного помышления о Боге, о Его заботе о человеке – как падшем, так и искупленном. «Тебе, человек, каждый день, час, минуту Господь, Творец твари, всячески угождает: солнышко тебе светит, ласкает тебя и тихим светом месяца ясного, и воздухом живительным... Так тебе Бог всем угождает к твоему бытию и благобытию, наслаждению! Не обязан ли и ты Ему угождать для твоего же блага – жить по совести и закону Божию?» И, наконец, заповедь о любви к Богу – это основополагающая заповедь закона, потому что Сам «Господь возлюбил нас беспредельной любовью, сшед с небес и человеком став для нас».

Вторая основная заповедь закона – это любовь к ближнему. Исполнение этой заповеди – это практическое выражение нашей любви к Богу. «Люби всякого человека, ненавидящего тебя, и молись за него».

Призывая возвыситься до уровня добродетели и преобразиться внутренне, о. Иоанн указывает на терпение, прощение обид, неосуждение ближнего и другие добродетели, особенно на смирение и милосердие, такие редкие среди нас христианские добродетели. Современные христиане потеряли Христа, поэтому наша жизнь стала сном, мечтой, постепенным угасанием, а не жизнью. В целом, неверие, отступничество от Бога, от Божьих премудрых повелений, надежда на собственный разум, слепое следование своим страстям – это причины всех бедствий и падений в истории человеческого рода. Повседневное поведение человека о. Иоанн кратко описывает так: «Ходи всегда пред Богом, как пред Лицом Отца всеблагого, всемогущего, скоропослушливого, готового всегда исполнить праведные желания и прошения сердца твоего». «Мысли и рассуждай так, что на небе известны все твои мысли, чувства и расположения души твоей».

Венец нашей нравственной жизни и трудной внутренней борьбы с самим собой – это будущая вечная блаженная жизнь, как сказано в Слове Божием: «Побеждающему дам сесть со Мною на престоле Моем» (Апок. 3, 21). К этой жизни в общении с ангелами и всеми святыми о. Иоанн призывал в течение всех 53 лет своего священства.

«Готовьтесь немедленно, время течёт и приближает вас к концу жизни, а потом придётся делать расчёт с Домовладыкой праведным за всю жизнь. Ей, говорю, будем все готовиться, чтобы приобрести одеяние души чистое, святое, угодное небесному Жениху!» Неверующих же, упорных и ленивых, по справедливому и вечному приговору Бога, ожидает вечная гибель.

Вот о чём думал и что писал дорогой Батюшка в последний год своей жизни, в утешение всем, кто его любил. За полтора месяца до смерти, отдавая свой труд в печать, он торопил изданием, желая успеть к празднику Рождества Христова, даже накануне смерти он интересовался ходом работы – так ему хотелось утешить всех своим последним словом, своим последним отеческим благословением. Но, видимо, Батюшка пламенно молился и о своей блаженной кончине: «Возгораюсь крепким желанием видеть Художника, Который и меня сотворил премудро по образу и подобию Своему с разумом, чувством, свободной волей и бессмертием по душе. Когда увижу Его, Желанного?» Умер он, умер подвижник, созерцатель Бога, собеседник Божий, горячий молитвенник, врач душ и тел, пастырь добрый, милосердный, кроткий, сострадательный! Но ныне «весело горит» свет этого праведника (Притч. 13, 9), ибо «разумные будут сиять как светила на тверди, и обратившие многих к правде – как звезды, вовеки, навсегда» (Дан. 12, 3). Тот, кто победоносно прошёл все 79 лет своей жизни, сияя, как яркий свет, и ушёл к престолу Всевышнего, оставил «за собой светящуюся стезю» (Иов. 41, 24). Тот, кто, следуя за великим Сеятелем, разбрасывал щедрой рукой семена на ниве Божией, оставил нам «живые колосья», которые не только радуют нас своим полным, благодатно зрелым видом, но и питают нас, изголодавшихся духовно; да и сам он стал «живым колосом», сжатым для земной жизни, но готовым для жизни вечной. Тот, кто при жизни своей утешал нас, немощных, и поддерживал нас, слабых, посылая благодатные силы от Христа, Которому он верою молился, будет изливать на нас сугубую благодатную помощь, видя Господа лицом к лицу, если мы будем просить его молитвы. «Бог и святые, – говорил он, – так же слышат нас на молитве, как слышат друг друга люди, разговаривающие между собой, или как слышат проповедника люди, пришедшие в храм, или как воины – голос вождя, – слышат даже несравненно лучше и совершеннее, потому что мы слышим слова другого, но не знаем, что у него на сердце и в мыслях. Бог же и святые не так: видят, что у нас в мыслях и на сердце – Бог Сам, Своим всеведением, а святые благодатью Святого Духа, в Котором они вечно пребывают». Да будет труд сей в утешение от того, кто нашёл ныне в Боге покой и блаженство, мы же, вспоминая дела, жизнь и кончину дорогого Батюшки, будем «подражать вере его» (Евр. 13, 7). Во исполнение воли автора, завещавшего произвести издание в возможно более изящном виде, каждая книжка сопровождается портретом о. Иоанна, подписанным им за 20 дней до смерти, и собственноручным эпиграфом его, в котором содержатся тексты Священного Писания, данные о. Иоанном специально для этого издания. Кроме того, по указанию самого автора, обложка книжки представляет художественное изображение «живого колоса», взросшего на духовной ниве его. Перевязанные снопы, по мысли о. Иоанна, показывают момент разлучения от земли, необходимый для того, чтобы стать «живым колосом» на небе. «Смерть есть рождение в жизнь вечную».

О ВЕРЕ И ЦЕРКВИ ПРАВОСЛАВНОЙ. ВРАГИ ВЕРЫ И ЦЕРКВИ

ЧАСТЬ I

Познай христианство во всем его духе, плане Божием, в его всецелой идее, величественной широте, благости, премудрости и правде Божией, подивись величию дела Божия, дела спасения человеческого рода, смиренно и преданно преклонись перед ним и будь исполнителем христианских добродетелей, с помощью благодати Божией.

* * *

Вера христианская есть восстановление Богом, по безмерной Его благости, образа Божия в человеке падшем, оскверненном, растленном, примирение Творца с тварью неблагодарной, непослушной, возгордившейся, разрешение от праведного проклятия и дарование благословения, отверстие заключенного для нас неба – «отныне будете видеть небо отверстым» (*Ин. 1, 51*), победа над смертью и упразднение ее, как и диавола, виновника ее, введение в рай и дарование вечной жизни. Сколько бесчисленных благ дано Богом в вере христианской человеку верующему, послушному Евангелию и заповедям Христовым! За чем же дело, христиане? Что спите? Воспряньте, бодрствуйте, молитесь, кайтесь и исправляйтесь, творите благие дела и восходите на небо!

Троица Святая, Отец, Сын и Дух Святой для меня и для всех – дыхание и свет, жизнь, сила и оправдание, премудрость, святость, всякое богатство, помощь, исцеление от всяких болезней, молитвенный огонь, источник умиления, хранение, безопасность, всякое благо. Благодарение всегдашнее Тебе, Господу моему. Прими молитву мою о всех людях, особенно же о Церкви Твоей как собрании искренно верующих в Тебя.

* * *

Бьется ли радостью и трепетом твое сердце при воспоминании и произнесении святейшего Имени не созданной и все создавшей, всеблагой и всеблаженной Троицы, Отца, Сына и Святого Духа? О пречудное Имя! О пресладкое и всежизненное Имя! О прекрасная существенная и вечная Троице, давшая неизреченную красоту всему созданному духовному и вещественному миру! Укрась и нас по образу и подобию Твоему, вольной волею обезобразивших и растливших себя всякими грехами! Троице правая, Боже наш, слава Тебе!

* * *

Единственный и Единородный Сын есть только Сын Божий, и единственный животворящий Дух есть Дух Божий, Которым «всяка душа живится и чистотою возвышается, светлеется Троическим единством священнотайне» (Антифон). Слава Тебе, Господи, открывшему нам тайну Святой Троицы, елика подобаше. Аминь.

* * *

Чьи это слова: «Приимите, ядите: сие есть Тело Мое, еже за вы ломимое во оставление грехов, и пейте от нея вси: сия есть Кровь Моя Новаго Завета, яже за вы и за многая изливаемая во оставление грехов» (*Мф. 26, 26–28; 1Кор.11:24*)? Не Творца ли всеблагого и всемогущего и Спасителя всещедрого всего человеческого рода, Агнца Божия, вземлющего грехи всего мира? Арий еретик низвел Творца в ряд тварей и не признал Его единосущным и совечным Отцу, Единым с Ним и Духом Святым Существом. Может ли тварь претворять существо вещей в совершенно другую природу, например – пшеничный хлеб в самое пречистое Тело Божие и красное виноградное вино в самую пречистую и животворящую Кровь Божию? Не Творец ли всемогущий может это творить и претворять? Арий с единомышленниками, коих были десятки тысяч, не признавали Иисуса Христа Творцом. Вот в чем великая беда была для православных и еретиков: они в случае доверия Арию лишились бы общения с Церковью и вечного спасения. Еретик Арий хотел уничтожить православную веру спасительную и ввести веру еретическую, погибельную. Поэтому православные архиереи, священнослужители и миряне православные крепко противостали Арию. Сам благочестивый император Константин равноапостольный собрал со всех концов православного мира святых епископов, пресвитеров и отчасти дьяконов, в числе которых был святой архидьякон Афанасий, потом поставленный в архиепископы Александрии в Египте. Они рассмотрели, взвесили и опровергли нечестивое учение Ария и его единомышленников и предали проклятью как богопротивное, и составили изложение православной веры, или *Символ веры*, на все времена до скончания века, по ясному и властному и премудрому учению Святого Духа Божия. И мы досель все согласно и единомысленно веруем в этот *Символ веры* и ни одной йоты не прибавляем к нему, чтобы не лишиться спасения за ложную прибавку, как католики, лютеране и англиканцы. Богу нашему, в Троице славимому, слава во веки веков! Аминь.

* * *

«Лучше для вас, чтобы Я пошел к Отцу, ибо, если Я не пойду, Утешитель не придет к вам; а если пойду, то пошлю Его к вам» (*Ин. 16, 7*). Последователи Христовы – апостолы, архиереи, священники, мироносицы и все прочие верные Христу женщины, мученики, мученицы, преподобные и все святые имели подвергнуться в течение времени самым острым и тяжким искушениям, и при этих искушениях нужен был им всемогущий Утешитель и любвеобильнейший, равный Отцу и Сыну, именно Дух Святой, одинаково жаждущий нашего спасения и желающий всякого утешения боримым и производящий это утешение, – и Ему, как Третьему Лицу Святой Троицы, нужно было иметь равное содействие в спасении верных, по единству существа трех Лиц Божества. Святому Духу необходимо было принять личное, всеблагое, премудрое и всемогущее участие в спасении христиан. Вот потому и умолил Господь Отца, чтобы Он послал им иного Утешителя, после искупления, совершенного Сыном. Враг-диавол, со своим воинством бесовским, имел вооружиться на *Церковь* Христову, по допущению Божию и для испытания всех верующих страшными и разнообразными гонениями и мучениями, – нужно было утешение величайшее, всемощное и от Лица всемогущего, чтобы противопоставить его с полным успехом всем ужасным скорбям и бедам мучимых христиан первых веков и последующих. Вот Иисус Христос с Богом Отцом и противопоставил этим ужасным скорбям всемогущего и всеблагого Утешителя, Духа Святого; и Он утешал их всегда и содействовал к мужественному и радостному перенесению всех мучений. Читай о страданиях мучеников, об их радостных страданиях, и увидишь в них силу Духа Святого, Утешителя. Аминь.

***

Господь Бог есть безначальное, вечное Существо бесконечной святости, правды, благости и милости, невообразимой, безмерной светлости, ибо есть Свет присносущий, от Которого все вторые бесчисленные светы – ангельские соборы, от Которого свет солнца, луны и звезд, от Которого громы и молнии и всякая былинка в мире.

Бог есть Существо бесконечного, твердейшего порядка, красоты несказанной, мира вечного, непоколебимого. Как Святый и Создавший нас по образу Своей святости. Он требует от нас святости и полного отвращения от всякого греха, который есть тьма, смятение, безобразие, беззаконие и удаление от жизни и падение в проклятье и смерть. Судите сами, человеки грешные, падшие, омраченные, смертные, что должны вы творить неотложно? Непрестанно каяться, молиться, исправляться, творить благие дела и уподобляться Богу.

***

Есть безначальное, бесконечное, личное, премудрое, всеблагое и всеправедное Существо, Которому имя «Сый» (бытие), от Которого всякое бытие и Которое не быть не может. Твари, сотворенные Им, – бесчисленны, разнообразны до бесконечности, прекрасны, благотворны, жизненны, все носят печать разума, премудрости, красоты неописанной. По ним можно назвать Художника, измыслившего и создавшего их, Его жизненность, благость, премудрость, красоту, вечность бытия, верность всем словам Его, изреченным в откровении нам, разумным тварям Его. Благодарим Его, нашего Творца и Зиждителя, Искупителя и Спасителя, давшего нам откровение о Себе в Слове Своем, изреченном пророками, апостолами, и различные обеты, которые Он исполнил все в свое время, например, обет воскресения из мертвых и будущей блаженной жизни с блаженствами столь превосходными, что и «око человеческое их не видело, и ухо не слышало, и на сердце никому не приходило» (*1Кор. 2, 9*). Слава и благодарение Тебе о сем, Творче, и Спасителю, и Искупителю наш!

* * *

Жизнь физическая, растительная и животная разделилась, или, так сказать, разметалась на бесчисленное множество жизней в бесконечном множестве существ бесконечно малых, затем – меньших, средних и великих, от инфузории до слона, от едва заметной травки до величайших кедров и дубов. Всякая жизнь физическая от первой и единственной, личной, премудрой, всеблагой, безначальной, всемогущей Жизни происходит и произошла. Значит, первая личная, безначальная Жизнь даровала временную всем физическим существам – ангелам и человекам, сотворенным по образу и подобию Божию и восстановленным от падения Ипостасным Словом, воплотившимся и вочеловечившимся и искупившим верующих от падения и проклятья, греха и смерти. Слава Тебе, Животе наш. «В Нем была жизнь, и жизнь была свет человеков» (*Ин. 1, 4*).

* * *

По чьим уставам и законам совершается зачатие, образование и возрастание тела человеческого в утробе матери, созревание его и выход на свет полного организма человеческого? По чьим уставам приемлются пища и питие, утоляется алчба и жажда, совершается питание тела нашего? Кто измыслил и создал такое дивное разнообразие вкусных на язык и прекрасных по виду бесчисленных плодов земных, мудро, изысканно устроенных и приготовленных в пищу и наслаждение наше? По чьим уставам вырабатывается кровь в теле нашем, без которой невозможна жизнь человека? Не величайший ли Мудрец и Художник, всесовершенный, безначальный, всемогущий Господь Бог наш! Пади же в прах, благодари, благоговей пред Ним, люби его, но и бойся Его, если не творишь волю Его, не повинуешься Ему. Аминь.

* * *

Во всяком мире, животном и растительном, бьет жизнь обильным, чистым, веселящим взор и сердце ключом: мы видим беспрестанные рождения в царстве животных четвероногих, домашних и диких, в царстве птиц, рыб, насекомых, ползающих и скачущих, в царстве растительном, видим чудные бесчисленные, прекрасные и питательные всякие прозябания и плоды, в коих дивимся и красоте, и вкусу, и благоуханию многоразличному. Вся природа полна жизни – земля, вода, воздух. Какая везде гармония, порядок, польза, красота, как все твари премудро, целесообразно устроены! Не насмотрится глаз, не надивится ум. Слава Тебе, Господи, сотворившему всех и все для человека! А впрочем, человек и все – для славы Божией: ибо все Господь создал Себя ради, для явления благости, святости, премудрости и силы Своей. Слава Тебе, Господи, слава Тебе!

Бесконечное торжество в мире животном, органическом и неодушевленном – растений, зелени, цветов, кустарников и всяких дерев и деревцев. Весной и летом моему наблюдению представляется бесконечное веселье и радость, бесконечное торжество всяких живых тварей – пресмыкающихся, скачущих, летающих птиц всяких родов и видов, насекомых, рыб, зверей различных и домашних животных, наконец – людей, особенно веселящихся и прыгающих детей, суетящихся или трудящихся людей, и делаю отсюда заключение: Виновник, Художник и Источник жизни и радости всех этих тварей есть Господь, единый в трех Лицах, безначальный, всеблагой, премудрый, всемогущий, животворящий всех и все; сколь же Он блажен Сам в Себе, если твари Его так блаженны, жизнерадостны, сколь Он прекрасен, если твари Его так прекрасны и так целесообразно устроены! Сколь жизненны, какое издают благоухание, как услаждают взор каждого разумного существа! И, наконец, сколь жизненны, разумны, прекрасны, деятельны люди – и способны к бесчисленным работам художественным и полезным в общежитии, делам умственным и всяким другим! Не может надивиться ум, сколь благ, животворящ и всемогущ Творец и Художник их Господь Бог! Как возгорается желание любить Его, лобзать Его творческую руку, благоговеть пред Ним, поклоняться Ему, славословить Его, подобно трем отрокам в печи Вавилонской! О Творец мой! Все твари, сколько их ни есть, все возводят мой взор к Тебе как Виновнику жизнерадости. Но каков пир, каково торжество жизни на небе, в мире ангельском и в мире праведных людей, удостоившихся вечной жизни и предстоянию престолу Господа, Живота всех! Читай последние главы Откровения святого апостола и евангелиста Иоанна Богослова и увидишь, какой на небе есть и будет вечный пир, вечное блаженство в царстве славы! Слава Тебе, Господи, так все сотворившему и так все промышляющему!

* * *

Человек, одаренный разумом и смыслом, разумно ли ты смотришь на прекрасный мир Божий, созданный бесконечно разумно Творцом, в трех Лицах единым? Разумно ли ты смотришь на каждую особь из царства растительного, на каждое дерево и деревцо, кустарник, траву, цветы бесчисленных видов, на плоды, на животное царство домашних и диких зверей, на все бесконечно разнообразное творение? Не смотришь ли ты на все это несмысленно, глупо, без размышления и удивления? О, как приятно удивляет меня премудрость, целесообразность, польза, красота всего созданного, во всякой травке, дереве и кустарнике! Во всяком животном вижу премудрого, всеблагого, всемогущего, прекрасного Бога и целую Его руку, творящую, оживляющую, формирующую, влагающую во всякое растение вкус и запах, организацию, жизнь и красоту. Надивиться не могу бесчисленному разуму Божию, говоря с псалмопевцем Давидом: «велик Господь и достохвален, и величие Его неизследимо» (*Пс. 144, 3*), и вместе с тем возгораюсь крепким желанием видеть Художника, Который и меня сотворил премудро по образу и подобию Своему, с разумом, чувством, свободною волею и бессмертием по душе. Когда увижу Его, желанного, всеблагого, прекрасного, всеблаженного, бессмертного Творца Владыку, и поклонюсь Ему и возблагодарю Его лично за все, за все!

ЧАСТЬ II

Вкушая разные плоды древесные, ягоды, зерновые плоды и всякие иные, встречаешься с бесчисленным разнообразием вкусов, весьма приятных и полезных, вполне соответствующих нашей природе, так что надивиться не можешь благости и премудрости Творца, благоволившего угождать нам Своею отеческой благостью, сладостью, премудростью, всемогуществом. Из одной земли столько плодов, бесчисленных по форме и вкусам! Лобзаю Тебя, ласкаюсь я к Тебе, Отец и Творец и Питатель мой, во всяком плоде, во всякой ягодке, во всяком зерне хлебном (а сколько их, видов!). А что касается бесчисленных вкусов разной другой пищи, данной нам, то решительно нет предела удивлению моему. Во вкусе каждой крошечки видна любовь Творца к тебе, желание угодить тебе, поласкать тебя, утешить тебя, порадовать тебя, ободрить, напитать, укрепить, оживить. Дивен Ты, Господи, во всех вещах и делах рук Твоих. Но какое несравненное, несчетное богатство сладости духовной Ты уготовал в будущем веке, сладости от наслаждения неизреченной добротой и красотой Лица Твоего, Которым неисчетно блаженны все лики и соборы ангелов!

* * *

Есть личное, безначальное, всеблагое, премудрое Существо, Которое называет Себя «Сущий»: «Я есмь Сущий» (*Исх. 3,14*) – так Оно называло Себя Моисею, пророку Божию; есть, говорю, безначальное личное Бытие, дивное и дающее всем созданным тварям жизнь, довольство, благобытие и радость, есть личная безначальная Жизнь, Которая по Своему хотению дала и дает всем жизнь. Этому-то Существу люди обязаны благобытием, любовью, благодарением, славословием и, как преступные по воле своей твари, – покаянием и умилением, воздыханиями, слезами, исправлением, доброделанием, стремлением к исправлению и совершенству. Господи, помоги всем нам в этом должном и спасительном деле! Даруй нам всегда славить Твое присносущное бытие. Твою благость. Твою творческую и промыслительную силу и державу. Твое милосердие и долготерпение к нам. Аминь.

***

Настоящий видимый мир есть одна тень будущего, духовного, бессмертного века, будущей «земли живых» (*Пс. 26, 13*). Разумно ли привязываться к тени, а не к самой истине, к будущему истинно реальному веку и к дню вечному? Преходит образ мира сего, изменяются времена года, изменяется непрестанно атмосфера, или окружающий воздух, род преходит и другой род приходит, преходят цари, сменяются один другим, преходят великие и посредственные люди и все таланты их, преходит красота человека и обращается в гной, преходят образы дня и ночи, бесконечно разнообразные формы злаков и всяких растений – все преходит и превращается в тление. Один Бог никогда не изменяется и вечно Один и Тот же пребывает, всеблагой, всесвятой, премудрый, прекрасный, всеблаженный, вечный, всемогущий, и душа человеческая, по образу Его сотворенная, если достигла святости.

* * *

Только то, что создал и создает Бог, имеет свойство несокрушимой твердости и постоянства, чему доказательством служат небо и земля и вся твердь небесная, доселе видимая нами во всей неизменности дивной красоты. Человеческие дела и установления непостоянны, шатки, изменчивы, потому что сам-то человек – существо падшее, слабое, изменчивое.

* * *

Чудная благость и премудрость Божия и промышление Божие о Своих тварях, разумных и неразумных: все нужды и потребности их предусмотрены и все сотворено, что должно служить на пользу и удовольствие человека, в радость его жизни, – всякие предметы нужные и полезные. Все предусмотрено и создано в потребном количестве. Нет числа делам Твоим, нет числа премудрости Твоей, промысла Твоего! Слава Тебе за все, за все стихии и за дела Твои, за свет солнечный, лунный, звездный, за ветры Твои, за воды Твои бесчисленные! Аминь.

* * *

«Не пять ли малых птиц продаются за два ассария? и ни одна из них не забыта у Бога» (*Лк. 12, 6*). Умилился я, увидев в роще птичье гнездышко малой птички, с малейшими птенчиками (серого цвета), увидев, как ревниво и жалобно пищали самец и самка, и дети их ждали червячка или мушки из клюва матери. Истинно, и маленькая птичка не забыта у Бога, о всякой Он промышляет, всякую питает и возращает, всякой жизнь дарит.

* * *

Во всяком плоде земном несколько свойств: цвет, форма, вкус, питательность, красота, благоухание. Слава Тебе, Троице, все измыслившая и создавшая в пищу и наслаждение тварям Твоим, особенно разумным людям!

* * *

Ни одна капля дождя не прольется без воли Творца, и Господь знает число всем каплям дождевым. Все делается по Его мановению. Слава Твоей благости, премудрости. Твоему промыслу.

* * *

Господи, сколь чудна красота и премудрость, область строения Твоего, вседержательства Твоего, домостроительства Твоего о спасении рода человеческого (разумею *Церковь* Твою)! Благоговею пред делами рук Твоих. Слава Тебе, бесконечный Ум, Отче! Слава Тебе, собезначальное Слово! Слава Тебе, Совершителю, Жизнодавче, Душе Святый!

* * *

Все хвалят свою веру как правую, но не тот правый, кто себя хвалит, а тот, кого Бог похваляет, по слову апостола (*1Кор. 4, 5*). А нашу веру Сам Бог прославляет непрестанно, как в Самом Себе, так и в святых Своих. Идите к мощам святых угодников и смотрите, чья вера правая. В какой вере творит Бог такие чудеса, как в православной? В какой вере люди удостаиваются нетления и благоухания тел по смерти и творят столь великие и многие чудеса? Идите к преподобному Серафиму и к святому Сергию; идите к Феодосию Черниговскому и т.д. Или вы хотите слушать нынешних интеллигентов, недоучек и переучившихся, будто бы мощей нет, нет чудес? Так послушай простосердечных верующих очевидцев, что-то они тебе скажут. Как идти против истины, против очевидности?

* * *

«Насаждени в дому Господни, во дворех Бога нашего процветут» (Стих. на стих. Василия Блаженного). Только в Церкви Божией православной бывает нетление мощей, а вне Церкви – нет, т.е. ни у католиков, ни у лютеран, тем менее у евреев и магометан. Держитесь Церкви православной искренним сердцем!

* * *

Спасение наше в Церкви, как в ковчеге Ноя, и нигде больше. «Если и Церкви не послушает, то да будет он тебе, как язычник и мытарь» (*Мф. 18, 17*). *Церковь* – мы, тело Христово, и Он Христос, Спаситель тела; мы – «члены тела Его, от плоти Его и от костей Его» (*Еф. 5, 30*). Дух Святый – Кормчий словесного корабля, Церкви. Только в Церкви, как в Ноевом ковчеге, можно спастись. Благочестивый Корнилий сотник был язычник, молившийся всегда и творивший милостыню, наставлен был ангелом позвать апостола Петра и от него услышать слово спасения и получить крещение со всем домом.

Знаменательно.

* * *

Святая *Церковь* всех нас собирает и, так сказать, концентрирует около одной общей живоначальной и животворящей Главы, Господа нашего Иисуса Христа, нашего Искупителя и Спасителя; все мы одно таинственное духовное тело и взаимно члены друг другу. Святой Предтеча, апостолы и все святые – все близки друг к другу, если по вере и благочестиво живем. Святые молятся за нас, а мы их усердно призываем и так все спасаемся. Какое величественное, светлое, спасительное, вечное здание – святая *Церковь*! Счастливы мы, что мы родились и живем в ней и получаем от нее бесчисленные благодатные дары, по милости Господа нашего Иисуса Христа, по благоволению Бога Отца и благодати Духа Святого. Спасайтесь же все, когда столь удобно спасение.

* * *

Не забывай, христианин, что ты по крещению, миропомазанию и причислению к Церкви – гражданин неба и отечества небесного, куда Предтечею вошел наш Искупитель Христос Бог, Матерь Божия и все святые, ветхозаветные и новозаветные. «Вы уже не чужие и не пришельцы, но сограждане святым и свои Богу» (*Еф. 2, 19*).

* * *

Какое Божественное ополчение окружает нас, членов Церкви православной, – собор святых, если только мы действительно члены, ибо мы – одно тело духовное, одно воинство Божественное. Какой нам помощи искать, как не небесной? К кому прибегать в напастях, болезнях, скорбях, как не к святым членам Церкви Божией, особенно к Самому Господу, Богоматери, Предтече и прочим святым?

* * *

Благодари Господа, что Он тебя сделал членом Церкви Своей, этого Божественного общества святых, коего Начальница и первый член есть Матерь Божия. Она матерински, благостно, всеблагомощно, попечительно и сочувственно относится ко всем верным и искренним членам Церкви и чадам Своим.

Я сраслен и счинен Церковью небесною и земною – с Богоматерью, с чинами ангелов, со всеми святыми патриархами, пророками, апостолами, святителями, мучениками, преподобными, праведными, со всеми святыми, по благодати Божией. Как же я должен мыслить, чувствовать, хотеть, говорить и действовать? А вот как: «что только истинно, что честно, что справедливо, что чисто, что любезно, что достославно, что добродетель и похвала, о том помышляйте; чему вы научились, что приняли и что слышали и видели во мне, то исполняйте, – и Бог мира будет с вами» (*Фил. 4, 8–9*), говорит апостол.

* * *

Твое обращение, православный христианин, с теплою молитвою к ходатайству Богоматери, святого Ангела хранителя или вообще к святым ангелам Господним, к святым угодникам порознь и вообще, показывает, что ты член Церкви Христовой, или святого общества спасенных или спасаемых, торжествующих на небе славную победу над миром и миродержцем; что ты не один и не одинок, а в союзе с бесчисленным множеством победивших или борющихся, что ты находишься в воинстве духовном, в воинстве Христа Спасителя, Который есть всемогущая Глава Церкви, способствующая всем верным к одолению нападающих непрестанно врагов спасения нашего, что святые суть помощники, заступники и друзья наши, готовые по усердному призыванию нашему помогать нам. Мы не одни в поле, или в мире сем, воины, а нас, борющихся, множество, и во множестве мы сильны, особенно при содействии всесильного Главы Церкви, Господа Иисуса Христа. Обращайся же усердно к молитвам святых и веруй в их сочувствие и пособие, в их любовь и содействие к спасению.

* * *

Не забывай близость всех членов Церкви небесной к членам благочестивым Церкви земной, потому что едино Тело – *Церковь* небесная и земная, – и молись Главе и членам с верою и любовью в простоте сердца. Слава Тебе, Владычице, Начальница мысленного наздания! Слава Тебе, всемощная Глава Церкви, всех объединяющая!

* * *

А знаете ли, к какому стаду вы присоединены? К святому и избранному стаду Христову, к обществу избранных Божиих. Вы присоединены к Церкви Христовой, к святому Телу Христову, коего Он есть Глава. Думаете ли вы об этом? Дорожите ли этим? Благодарите ли Господа? Любите ли Его? Просите ли Его помощи на то, чтобы вам уподобиться Ему в благости, правде, кротости и прочих добродетелях? Желаете ли вечного Его царствия, к которому вы позваны через крещение?

Какой почести сподобляет Господь душу верующую и любящую Его, называя Себя ее Женихом, а душу Своею невестою, если она вся предается Ему всем существом! «Христос возлюбил *Церковь* (верующих) и предал себя за нее, чтобы освятить ее, очистив банею водною посредством слова, чтобы представить ее Себе славною Церковью, не имеющею пятна, или порока, или чего-либо подобного, но дабы она была свята и непорочна» (*Еф. 5, 25–27*). Какая требуется от нас жизнь, какая святость! Нетленные вечные блага ожидают верных христиан. «Не видел того глаз, не слышало ухо, и не приходило то на сердце человеку, что приготовил Бог любящим Его» (*1Кор. 2, 9*). А враг льстит здешними благами (мнимыми) и всякой суетой. Человек, где ты? Куда ты пошел? Господь ждет тебя, иди навстречу, отзовись! Вот я, заблудший, оставивший Тебя, Живота моего и Источника всех благ. Господи! Взыщи нас, влеки нас. «Не будьте, как конь, как лошак несмысленный, которых челюсти нужно обуздывать уздою и удилами, чтобы они покорялись тебе» (*Пс. 31,9*), когда они не идут к Тебе. Слава Тебе, Господи, долготерпящему нам! Потерпи и еще на нас и привлеки к Себе силою благодати Твоей!

* * *

В какой высокой среде поставлен христианин, к какому высочайшему святому обществу он приписан как христианин и член Церкви! «Вы уже не чужие и не пришельцы, но сограждане святым и свои Богу, быв утверждены на основании апостолов и пророков, имея Самого Иисуса Христа краеугольным камнем» (*Еф. 2,19–20*). Помни это, христианин, и живи достойно звания, во всякой добродетели.

***

Помни, в каком святом, духовном, небесном, Божественном союзе ты состоишь (разумею *Церковь* небесную и земную), в союзе живом и самом тесном (причастие Св. Таин) с Самим Богом, с Богоматерью, со святыми ангелами, со всеми святыми человеками и с земною Церковью – со всею иерархией) и верными христианами. (Состав проскомидии и литургии оглашенных и верных.) Достигай этого союза и мудрствуй и чувствуй сообразно. «В вас должны быть те же чувствования, какие и во Христе Иисусе» (*Флп. 2, 5*).

ЧАСТЬ III

Какая чудная, святая, пленяющая разум, сердце и волю – идея о Церкви Христовой вселенской, возглавленной Самим Основателем ее – Христом Богом! В Евангелии и в литургии, как в зеркале, отображается вся благость и правда Божия, вся любовь, вся премудрость Божия, все всемогущество Божие, все дивное домостроительство Божие о спасении рода человеческого, вся Божественная оценка падшего человечества, созданного в начале по образу Божию, все чудное общение Бога с человеками возрожденными, все обожение, на небеса возведение человеческой природы и спосаждение ее с Богом. Как дивно блаженно, с какими трудами физическими и духовными совершали святые свой путь житейский, приготовительный, и как они прославлены Богом при жизни и по смерти! Как возблагоухали духом и телом и явились живыми и по смерти! Вникните в эту идею о Церкви, в идею литургии, в эту приготовительную ее часть (проскомидию), как и в литургию оглашенных и в литургию верных, смотрите на идею Церкви как Тела Христа, с Которым христиане верные соединены неразлучно; смотрите, какое взаимодействие членов одних на других, земных и небесных, пророков, патриархов, апостолов, мучеников, святителей, преподобных и всех святых; смотрите, какое попечение Церкви земной о преисподней, или об умерших. Смотрите, какое общение Церкви земной с небожителями, или совершенными членами Церкви Христовой, получившими нетленные, вечные блага; смотрите, какое общение наше со всеми святыми; мы их прославляем, ублажаем, величаем, умоляем помочь нам в деле победы над страстями нашими и невидимыми врагами; как мы благодарим Бога, что Он прославил их и сделал молитвенниками за нас, особенно Пресвятую Богородицу, и в довершение всего нашего удивления Божию милосердию – мы причащаемся (некоторые) ежедневно пречистого Тела и Крови Христовых, преискренно общаясь с Самим Главою Церкви, в залог вечной жизни на небесах. О святая *Церковь*! О Божественная литургия! Сколь вы Божественны, святы, животворны! В католической вере нет идеи о Церкви. Она пошла насмарку: проскомидии в ней нет, пречистой Крови не дают мирянам, а она-то именно необходима. «Пейте из нея все, – говорит Господь, – сия есть Кровь Моя Нового Завета, за многих изливаемая, во оставление грехов» (*Мф. 26, 27–28*).

* * *

Жизненная стихия души твоей находится в Церкви православной и в храме православном: там престол Божий, там св. Евангелие с Посланиями богомудрых апостолов, там небесное богослужение, там лики Господа, Богоматери, св. ангелов и святых, там фимиам Господу, там лампады и свечи, горящие и знаменующие твоего духа горение пред Господом. Там привитай, туда прибегай, там почивай душой твоей.

* * *

Путешествуя по России, встречаешь часто храмы, как кущи странствовавшего по пустыне Израиля, или как странноприимные дома. И в самом деле, храмы городские или сельские суть кущи и странноприимницы, ибо все веруем и знаем, что мы все здесь странники и пришельцы, а не постоянные жители; храмы – это духовные школы, врачебницы, просветительные места, дорожные станции для путешественников неба, дома благотворительные, где оказываются нам величайшие благодеяния и пособия благодатные для приготовления к водворению на небо.

* * *

С пришествием на землю Самой воплощенной ипостасной Премудрости (воплощение), для принятия великого таинства веры, требовались чистые, простые души, способные к простоте веры и принятию величайших Божественных истин, чтобы верно преподать их и другим (да способны будут и других научить). Эти высокие орудия истины, преемники величайшей благодати Божией, небесной мудрости, были апостолы.

* * *

О простота сердца! О вера, нелукаво мудрствующая! Сколь ты драгоценна и приятна пред Богом и спасительна человеку! Вот пришел в мир Бог во плоти спасти человеческий род, и Ему нужно было избрать помощников Себе из человеков. Кто достоин был быть помощником Богу-Слову? Простые неученые люди!

* * *

Кто достоин был из людей, чтобы им вверена была величайшая и премудрая тайна воплощения Сына Божия и Его чудного строительства спасения человеческого рода? Сердцеведец Господь и праведный Судия рода человеческого нашел достойными принять, проповедать и осуществить эту тайну двенадцать простых рыбарей, а потом присоединил к ним еще семьдесят, тоже из простого звания по преимуществу.

* * *

Христианские праздники дают познание о догматах, или главных спасительных истинах христианской веры: о Боге едином по существу, о троичности Лиц, об искуплении человеческого рода Единым от Троицы, крестом и избавлением от греха, проклятия и смерти, о силе креста, о почитании его, о догмате воскресения рода человеческого, о Страшном Суде, или вечном мучении неверующих и нераскаянных, о почитании святых и подражании им, о силе покаяния и бесконечном милосердии Божьем, милующем грешников, о силе и спасительности милосердия и милостыни.

* * *

Для чего святая *Церковь* ежегодно воспоминает и празднует высочайшие события христианского мира, например: Благовещение, Рождество Христово, Крещение, Воскресение и прочие? Для того чтобы возгревать и утверждать нашу веру, наше христианское упование, нашу благодарность и любовь к Богу и Божьей Матери, нашей Предстательнице пред Богом непостыдной, чтобы вспоминать и не забывать наше небесное, вечное отечество и не иметь пристрастия к здешней, только приготовительной и обучительной, временной, преходящей жизни. Если бы не было этих христианских праздников, тогда христиане забыли бы, что они именно христиане, званые к небесному отечеству, и не знали бы, зачем они живут, зачем они приписались к христианскому обществу или к Церкви Божией, какая цель их жизни, для чего нужно веровать во Христа, в Святую Троицу, для чего нужно молиться Богу, Богоматери и призывать святых. Праздники же церковные все это нам разъясняют и поставляют нас в известность касательно промышления Божия о нас грешных, учат нас любить и благодарить Бога и всегда иметь в виду будущую жизнь, конца не имущую, и готовиться к ней.

* * *

Интересуетесь ли вы, братья и сестры, всеискупительным делом Христовым, Его домостроительством человеческого спасения, интересуетесь ли Церковью, таинствами, делом молитвы и покаянием? Правду сказать, все мы интересуемся часто сущими пустяками, только не интересуемся этими бесконечно важными для нас вещами! Где разум? Где цель жизни? Есть много у всякого своих целей – различные наслаждения, а единого на потребу нет. А где душа? Душа зарыта во глубине страстей и уже, как мертвая, вместе с сожженною совестью молчит и ничем себя не проявляет добрым, потому что и почвы к тому нет, и повода тоже. Ну где же пьянице, разгульному вспомнить о голодном или холодном ближнем, разве только придет в голову мысль, если денег нет на вино: надо обокрасть или убить ближнего и снова напиться до смерти.

* * *

Как люди поступили с Самою воплощенною Благостью и Истиною небесною, с Самим Началом и Первоживотом, Господом Иисусом Христом? Они всячески искушали его, лукавили пред Ним, завидовали Ему, подыскивались под Него, чтобы уловить Его в словах и предать суду римскому, и, наконец, после всяких издевательств и мучений, умертвили Его на кресте. Что сделали люди с верою истинною, которую Христос принес с неба, со всем учением Его, с таинствами богоучрежденными? Они исказили их до неузнаваемости, а некоторые отвергли их, а на место Его учения поставили свое измышление, как книжники и фарисеи, а в наше время Лев Толстой.

* * *

Логика христианская, кажется, нетрудна и легко может быть понимаема и изучаема и достаточно жизненна для того, чтобы полюбить, изучить и усвоить ее всем сердцем, а между тем ее-то, эту христианскую логику, и забыли почти все – и простые, и ученые (мнимоученые) и нимало в нее не вникают и не изучают с усердием, как другие земные и утомительные науки, искусства, художества, мастерства. Оправдана небесная логика и премудрость чадами ее вроде *Серафима Саровского*, Феодосия Черниговского и прочих святых. Кто из мирян нынче ищет эту драгоценную жемчужину (душа по образу и подобию Божию), это сокровище неоцененное, но мало ценимое?

* * *

Господи, сколь безмерно возвеличил Ты род человеческий воплощением и Богочеловечеством Твоим и воплотившею Тебя Приснодевою Богородицею и избранным

Твоим человечеством, в лице неисчетных святых. И сколько (о ужас!) ругается над Тобою и Церковью Твоею, над учением Твоим, над таинствами и богослужением Твоим толстовщина и вся одурманившаяся так называемая интеллигенция. Господи, доколь это поругание? Доколь это беснование? Господи, сниди сокрушить эту гору нечестия. Буди!

* * *

Сын Божий пришел на землю для того, чтобы Своим учением, чудесами, примером, страданием и смертью восстановить и спасти род человеческий, просветить, очистить, обновить, украсить всякою добродетелью и соединить его с Собою навеки, а Лев Толстой с подобными ему писателями, коим нет числа, появились и живут на земле для того, чтобы омрачить, растлить своим безбожием, безверием и анархией множество людей, следующих за ними, читающих их богохульные сочинения. Господи, истреби их с земли или обрати к вере, смири их гордыню бесовскую!

* * *

Христианам, особенно православным, хранящим и соблюдающим в чистоте догматы веры своей богопреданной, так дано много от Бога благ и сил к спасению, столь много открыто тайн Божиих, что верующим, внимательным, подвизающимся в вере своей, легко спастись и сделаться наследниками Царствия Небесного, вечного, «иго бо Господне благо и бремя Его легко есть» (*Мф. 11, 30*). Ангелы с трепетом дивятся милосердию Божию, к нам бывшему, проявленному в воплощении Божием ради нас, сожительству Его с человеками на земле, личному учительству, бесчисленным чудесам, сотворенным Им в уверение Своего Божества и Божественного посольства, в страданиях за нас, смерти, погребении и воскресении из мертвых, и вознесении на небеса, с обетованием о втором страшном Его пришествии судить живых и мертвых. А люди в большинстве остаются или неверующими, или сомневающимися, бесчувственными, безучастными, глухими к Евангельскому слову, пристрастными к суетному, пустозвонному и фальшивому слову человеческому, к лицедейству и лицемерию, ко всему миражному, эфемерному, к тому, что на один день представляет суетный интерес, а о вечном, о том, что едино на потребу, забывают. «Много званых, а мало избранных» (*Мф. 20, 16*).

* * *

Да знаете ли вы все, кому знать надлежит, что вся нынешняя наша революция есть прежде всего следствие отступления от веры, от нашего боголюбезного, святого, жизненного православия, имеющего в себе всю силу для верующих в него все упорядочить – и внутренний наш, и внешний мир, и политику, и всякую семейную, гражданскую и экономическую жизнь?

* * *

Господь вверил нам, русским, великий спасительный талант православной веры, в которой спаслось множество людей верных. Этот талант мы приняли через апостолов Христовых. Этот талант неоцененный попран многими русскими, и они ответят за него праведному Судии. В первом пришествии Христовом нам вручен талант (т.е. человеческому роду), и во всю землю изыде вещание духовных апостолов, и во все концы вселенной глаголы их. Во второе пришествие Господь будет требовать от всех нас отчета в употреблении талантов. Истяжется и царь, и всякий подданный, малый и великий, и всякий смертный, и каждого человека дела обнажатся пред всеми, ни один помысл не укроется, вся внутренняя жизнь каждого явится как бы сфотографированною, никому отречься или запереться в своих грехопадениях будет невозможно, если не покаялись, живя на земле. Где же дела ваши, братие! В чем вы проводили жизнь земную, этот драгоценный залог, данный вам Творцом для приготовления к будущей жизни, к раскрытию ваших сил и способностей, к употреблению в дело талантов? «Царица Южная приходила от пределов земли послушать мудрости Соломоновой; и вот, здесь больше Соломона» (*Мф. 12, 42*) – Сама ипостасная Премудрость. А многие слепцы духовные учились и учатся у Льва Толстого, которого с жадностью читают и попадают в его ловко расставленные сети, отчуждаются от Бога, впадают в отчаяние и кончают самоубийством. Вот плоды диавольского таланта, насеваемого противником Божиим через своего клеврета – Толстого.

* * *

Господи, ты истинный Господь твари. Что замышляют против России и против Святой Церкви Твоей финляндцы, поляки, немцы, исказившие Евангелие Твое, отпадшие от Церкви Твоей! Господи, что они замышляют! Они хотят до конца поглотить нас и разорить *Церковь* Твою, храмы Твои, богослужение Твое, уставы Твои, постановления святых апостолов и святых отцов, вселенских и поместных соборов. До чего мы дожили!

* * *

Господи! Ты видишь хитрость врагов православной веры и Церкви Твоей и их рвение одолеть ее. Положи им конец, да умрет с этими людьми все лукавое дело их!

* * *

«Не доброе ли семя сеял ты на поле твоем (Церкви Твоей)? откуда же на нем плевелы» (*Мф. 13, 27*): ереси, расколы, допущение новых догматов, всякие пороки, желание господствовать, главенство в церкви католической, искажение богослужения, таинств, обрядов (опресноки)? Господь отвечает: «враг человек сделал это» (*Мф. 13, 28*), гордость и злоба человеческая, но Господь дает расти всему до конца, а в будущем веке даст оценку каждому по делам его.

ЧАСТЬ IV

Мир – собрание мертвых душ, глава и князь которых диавол, отец лжи. *Церковь* в ее истинном значении – собрание, или союз, живых душ, коих глава Христос Жизнодавец и Утешитель и Совершитель, Дух животворящий. «Весь мир лежит во зле» (*1Ин. 5, 19*); мир – собрание слепых сердечными очами. *Церковь* – собрание видящих все в истинном свете. Все люди в мире не возрождены, подвержены слепоте сердечной, но сословие мнимоученых и писателей чиновного мира, студенческого, женского подвержены в большинстве самой гибельной слепоте от гордого самомнения, и тем хуже, что они не сознают своей беды и увидят ее лишь тогда, когда будут умирать и когда вся жизнь покажется им, как на ладони. Современные события подтверждают истину этих слов. В душевной слепоте своей они делают безумные дела. Не держите же свои головы слишком высоко и гордо вы, ученые, но неверующие (хотя не все) – все вы далеки от истинной мудрости и истинного знания и от источника жизни, от истинного пути; множество из вас не вкусило истинной мудрости, мудрости христианской, не уверовало во Христа как истинного Бога, в Евангелие Его, в *Церковь* Его, единственно верную и правую учительницу истины и подательницу жизни. Все вы слепы и мертвы, хотя вы и кажетесь себе мудрыми. «Обратил Бог мудрость мира сего в безумие» (*1Кор. 1, 20*). Если хотите иметь истинное ведение, истинную мудрость и истинную жизнь – отложите вашу гордость, ваше самомнение, ваше кичение, смиритесь искренно и идите снова учиться у бывших рыбарей и бросьте вашу гнилую, тленную и юродивую мудрость. Спуститесь с вашей высоты, сядьте пониже, склоните ваши головы и ваш слух к предвечным истинам. Ей, не у Льва Толстого мудрость, совсем объюродевшего, а у Церкви, которую он попирает ногами, у апостолов и евангелистов и у вселенских и всяких святых отцов и учителей. Перестаньте пить мертвую воду романов и всяких без числа умножившихся книг смрадной мудрости мирской. Не послушаетесь – останетесь на весь век учеными слепцами, не знающими истинного пути, и во грехах ваших умрете и наследуете вечную тьму. Полно смеяться над вечными и живыми истинами; с любовью зовем вас в недра Церкви – очнитесь от греховной спячки и страстного гипноза, который мы приписываем вам по всей справедливости.

* * *

Господи, если я священник Твой и от Имени Твоего столько лет трублю гласом моим против величайшего еретика Толстого – этой высокой стены Иерихонской, то да падет же эта стена гордыни на удивление всем верующим и чтущим Тебя, единого Господа славы, поруганного сим еретиком из еретиков. «Доколе, Господи, нечестивые торжествовать будут» (*Пс. 93, 3*)? Доколь будут торжествовать богохуление и нечестие? Вся земля наполнилась богохульством.

* * *

«Умрете во грехах ваших, если не будете веровать в Меня» (*Ин. 8, 24*), говорит Господь фарисеям. Горе Льву Толстому, не верующему в Господа и умирающему во грехе неверия и богохульства. Смерть грешника люта. И смерть его – Толстого – будет страхом для всего мира. (Конечно, это скроют родные.)

* * *

Господи, выведи Россию на путь истинный и спасительный за все страдания и мученическую кончину от смертоносных орудий верных чад ее, такого множества во всех концах ее. Господи, насади твердую веру в сердцах всех сынов ее, да сияет *Церковь* Твоя православием, благочестием нелицемерным; все сословия научи верить и ходить путями заповедей Твоих.

Кто бы не желал соединиться из православных с католиками или лютеранами и быть с ними одно – во Христе, одною Церковью, одним обществом верующих! Но кто из членов этих глаголемых церквей, особенно предстоятелей, именующихся папами, патриархами, митрополитами, архиепископами и епископами или же ксендзами, патерами, – согласится отречься от своих заблуждений? Никто. А мы согласиться с их еретическим учением не можем без вреда своему душевному спасению. А вражда их к нам вековечная. Предубеждения против нас, их уверенность, что мы схизматики, – разве не великое препятствие к единению? Вот и попробуйте соединиться. Разве можно соединить несоединимое – ложь с истиною?

* * *

Католические иезуиты в угоду папе и своим эгоистическим низшим видам и целям извратили закон совести и закон Евангелия, утверждая, что для достижения своекорыстных целей или целей религиозных католики могут употреблять и всякие незаконные средства: значит, и убивать, и всячески ехидничать, и гнать православную веру, обзывать схизматическою и песьей верою, и на кострах сожигать православных, как Гуса и прочих.

* * *

Вследствие уклонения от истины Евангельской папы и католичество стали предметом жаркого пререкания ради истины, и католики, защищая неправду свою, злятся на православных, ненавидят их, поносят всякими неправедными и хульными словами и саму истинную веру нашу всячески поносят. Что бы им для восстановления правды и мира отказаться от своих ложных, вредных и пагубных мнений и прийти в согласие с православием, так нет ведь: считают себя вправе стоять за ложь и утверждать ложь, на погибель свою и католиков. Католики, одумайтесь, очнитесь! Вас ввели в заблуждение! Возвратитесь к истине!

* * *

Верны слова Спасителя нашего Иисуса Христа: «кто не со Мною, тот против Меня» (*Мф. 12, 30*). Католики, лютеране и реформаты отпали от Церкви Христовой, – они с нами не единомысленны, враждуют против нас, сильно гонят нас на смерть, притесняют всячески за веру нашу, осмеивают ее и нас и делают нам всякие неприятности, особенно в главных местах их населения, они явно идут против Христа и Его Церкви, не почитают животворящего Креста, святых икон, святых мощей, не уважают постов, превращают догматы веры спасительные. Они не с нами, против нас и против Христа. Обрати их, Господи, к истинной Церкви Твоей и спаси их!

Католики виноваты, между прочим, в том, что несправедливо считают нас еретиками и схизматиками, ругают и проклинают нашу святую, праведную, непорочную иерархию, кафолическую *церковь*, не хотят проследить наше православное учение, по презорству, гордости и отвращению, не хотят ступить даже ногой в нашу *церковь*, считая это осквернением. Ненависть сатанинская!

* * *

От неправильного понимания католиками слов Спасителя: «ты – Петр, и на сем камне» (на Христе, которого Петр исповедовал Сыном Божьим) «Я создам *Церковь* Мою, и врата ада не одолеют ее» (*Мф. 16, 18*), зависят все заблуждения католиков и пап, и особенно мнимое главенство папы в церкви и наместничество пап. Они только служители, соработники апостолов.

* * *

Обличение католической лжи. Католики признают папу главой церкви на основании слов Иисуса Христа, неправильно ими толкуемых: «На сем камне» (Христе, а не Петре – по-нашему) «Я создам *Церковь* Мою, и врата ада не одолеют ее» (*Мф. 16, 18*). Почему католики относят слова Спасителя «на сем камне» не к Спасителю, а к апостолу Петру? Потому, что Господь пред сими словами сказал Петру: «ты – Петр», и вслед за тем сказал: «и на сем камне Я создам *Церковь* Мою, и врата ада не одолеют ее» (*Мф. 16,18*). Мы утверждаем, что под словами на сем камне разумеет Господь Себя, а не Петра, ибо Камнем веры и церкви в Писании везде называется Христос.

Апостол Павел, когда говорит о камне в пустыне, чудесно источившем воду для евреев и утолившем их жажду, разумеет под ним Христа. Но для большего и яснейшего доказательства, что под словами «на сем камне» нужно разуметь Христа как Основание церкви, я приведу подобное место из Евангелия от Иоанна: «разрушьте храм сей, и Я в три дня воздвигну его» (*Ин. 2, 19*). Что разумел Господь здесь под церковью? Нерукотворенную *церковь* Тела Своего, а не храм Иерусалимский. Так и в вышеприведенных словах разумел не Петра, а Самого Себя. Понятно ли?

***

Гвоздь католической гордости и католических лживостей в догматах, в управлении и нравоучении есть главенство папы, мнимое и неправильное понимание изречения Спасителя: «ты – Петр, и на сем камне Я создам *Церковь* Мою, и врата ада не одолеют ее» (*Мф. 16, 18*). Всеми святыми отцами, первых и последующих веков, признано и самыми первыми, православными папами, что под основным Камнем надо разуметь Самого Иисуса Христа – «Камень же был Христос» (*1Кор. 10, 4*). В доказательство этой истины, самое верное и наглядное, приведу слово, имеющее подобный оборот в Евангелии от Иоанна: «разрушьте храм сей» (*Ин. 2, 19*). (Под храмом разумеется нерукотворенный храм Тела Господня, а не Иерусалимский храм; это явствует по течению речи.) Под церковью Господь разумеет именно Свое пречистое Тело, как и под Камнем основания нужно разуметь Самого Христа, а не преемников Петра апостола или самого Петра. Это ясно. А папы вообразили себя главами церкви и основанием ее и даже наместниками Христовыми, что нелепо и ни с чем не сообразно. А отсюда все кичение римских пап и их давнишняя претензия на главенство и самовольное управление всею вселенской церковью. Ну уж и натворили папы в своей папской церкви разных фокусов, разных ложных догматов, ведущих к фальши и в вере, и в жизни. Это вполне еретическая *церковь*.

* * *

Папа – глава ли церкви? Нет, это нелепо. *Церковь* объемлет собою и святых угодников, и ангельский собор, – это одно тело под главою Единым Христом. При чем тут грешный папа!

* * *

Если бы Иисус Христос имел в виду дать церкви Своей, по вознесении на небо, другого главу вместо Себя, или наместника, как говорят папы, считая себя наместниками Христа на земле, то Он ясно объявил бы об этом прежде Своего вознесения, ибо это столь важный для спасения душ человеческих догмат; да и апостолы бы объявили об этом или себя кто-либо из них назвал наместником, а то никто из них не обмолвился, памятуя слова Господа: «кто хочет между вами быть большим, да будет вам слугою» (*Мф. 20, 26*), «все же вы – братья» (*Мф. 23, 8*). Вся беда в том, что католические богословы неправильно истолковали слова Господа Петру: «на сем камне» (не на Петре, а на Самом Господе) «Я создам *Церковь* Мою» (*Мф. 16, 18*). Сопоставьте слова Господа: «разрушьте храм сей» (Тело Христа), «и Я в три дня воздвигну Его» (*Ин. 2, 19*).

* * *

Сколь свята православная вера и *Церковь*! Сколь праведна, полна мира Божия, полна бесконечной и неописуемой красоты (вообрази поименно в лицах всех святых, вспомни их житие, полное всякой добродетели и чудес при жизни и по смерти)! *Церковь* удовлетворяет все потребности человеческого духа и спасает всякого преданного ей и верного до конца жизни. Слава, Господи, вере Твоей святой православной! Паписты, признав главою церкви папу, возвели его на престол вместо Христа и обоготворили его, а Христа поставили на задний план. Папу сделали наместником Христа, между тем как Христос с нами пребывает «во все дни до скончания века» (*Мф. 28, 20*). Но посмотрите, сколько заблуждений допущено в папской (а не Христовой) вере, странных заблуждений, богохульных, – и вы с негодованием и ужасом отвернетесь от нее! О гордость человеческая! О гордость сатанинская! Папа будто непогрешим! О иезуитство!

***

Если бы римский папа был совершенно единомыслен и единодушен, единоучителен с Господом, он мог бы, хотя не в собственном смысле, называться главою церкви, но как разномыслен и противоучителен Христу, то он еретик и не может называться главою церкви и учить *церковь*: ибо Она есть «столп и утверждение истины» (*1Тим. 3, 15*), а папа и паписты – трость, ветром колеблемая, и совершенно извратили истину Христову и в учении, и в богослужении (опресноки и без проскомидии), и в управлении, поработив своей ереси все католичество и сделавши его неисправимым, ибо папа, при всех своих ересях, признан непогрешимым от католической церкви, и, значит, неисправимым, противомыслящим.

* * *

Католики, признавая главою церкви папу, настоящую Главу церкви – Христа потеряли и остались без Главы. Вся история папства свидетельствует, что у католиков нет Главы, потому что они творят неподобные вещи, воинствуют против православной церкви не духовно, а по плоти, – ненавистью, злобою, мщением, ругательствами всякими, убийствами из-за угла, поджогами, мятежами, буйством, непокорством, сепаратизмом, несмотря на то, что полякам в России живется вольно, льготно, попустительно, в довольстве всяком, как и прочим нациям. Ненависть католиков к православным – историческая, самая исступленная: ксендзы и епископы католические, да и польские интеллигенты многие готовы живьем проглотить нас. Просвети, вразуми и спаси их, Господи! Где же у них Глава церкви – Христос? Он есть любовь, благость, кротость, милосердие, долготерпение, а у католиков ничего подобного нет. А в догмате сколько ересей, нововведений, отступлений от истины! О гибельная папская система!

* * *

Единая Глава церкви небесной, земной и преисподней – Христос Бог. Может ли человек папа быть главою Церкви, сущей на небесах? Не может. Да и вообще, может ли быть главою всей земной церкви и распоряжаться участью земною и загробною – папа, человек грешный? Разве папа распинался за нас? Разве Христос разделился? Разве твердым основанием Церкви, существующей через все века, может быть человек, так сказать, однодневный и непрестанно изменяющийся, наподобие калейдоскопа, в мыслях, расположениях, намерениях, предприятиях?

Прочитайте историю пап: каковы они были? Много ли было из них вполне достойных своего седалища? И только в первые века было несколько достойных, а в последующие века сколько было недостойных и порочных к стыду всей римской церкви! Это ли главы церквей? Католики указывают на то, что и в наших богослужебных книгах Петр называется главою церкви, но называется не в собственном смысле, а как первостоятель церкви римской, но не вселенской. В таком смысле назывались главами церкви русской митрополиты Древней Руси – Петр, Алексий и прочие.

* * *

Удивительно, как в своем вольнодумстве люди ученые, лукавые и гордые превращают своих великих учителей – самого Христа, бесконечную Премудрость, апостолов, имевших премудрость Духа Святого; так католики превратили учение Самого Премудрого Христа, небесного Учителя, без Которого никто не знает Отца, а только Он – Сын. Христос говорит, что Дух от Отца исходит, а между тем католики и лютеране с англиканцами говорят, что Он от Отца и Сына исходит. Да перестаньте же наконец хулить Духа Святого и возводить на Него ложь: хулящие Духа Святого не будут прощены ни в сем, ни в будущем веке. А вы забыли слова Апостола: «если бы даже мы или Ангел с неба стал благовествовать вам не то, что мы благовествовали вам, да будет анафема» (*Гал. 1, 8*)? Это слово страшно или нет? «Небо и земля прейдут, но слова Мои не прейдут» (*Мф. 24, 35*). А слова апостола – слова Божии. Вы не сердитесь, друзья, а внимайте истине Божией в простоте сердца, ведь и мы говорим и дерзаем от простоты сердца. Отриньте ложь и примите истину, и соединитесь с нами в единомыслии;

полно вам разногласить и спорить. Пришествие Христово близко, при дверях.

Проскомидия наглядно изображает всю *церковь* с Главою-Христом и членами небесными, земными и преисподними (усопшими). О чудное единение Бога с человеками! Римские католики отбросили проскомидию и тем обезглавили *церковь*, порвав очевидную связь видимой воинствующей церкви с невидимою торжествующею, чтобы вместо Христа дать место иной главе, человеческой, не свободной от заблуждений, участниками коих она делает и своих членов – духовных и мирян. О, сколь премудрое, истинное и спасительное учреждение церкви, предохраняемой от заблуждений Духом Святым – Просветителем и Христом – Главою всемогущею!

* * *

Ходатайство крови. Верую во всеочистительное ходатайство пречестнейшей Крови Христа Бога, излиянной во оставление грехов всего мира (верующего точно и по истине) и моих грехов, верую во всесильное ходатайство этой Крови, лучше глаголющей (ходатайствующей), нежели Авелева. Папы и католики отринули относительно мирян эту Кровь всеходатайственную и не дают ее им, вероятно из экономии, чтобы вина меньше выходило! А с каким бешеным рвением увлекают они православных в католичество, в свою погибельную веру! Защити, Господи, православие от лютого католичества, в котором все подчиняются произволу папы, иезуитов.

* * *

Талант вселенского православия мы приняли от Бога для славы Божией и нашего спасения. Как мы этот талант употребляем и умножаем? Как благодарим Господа? Каково наше покаяние? Какие добрые дела творим? «Все уклонились, сделались непотребными. Нет делающего добра, нет ни одного». (*Пс. 13, 3*). Не относятся ли эти слова Писания и к нам?

ГРЕХОПАДЕНИЕ И ПОСЛЕДСТВИЯ ЕГО

Диавол – виновник греха. Смысл голгофской жертвы и таинства причащения в промыслительном деле спасения человека

ЧАСТЬ I

Во всяком человеке, если он и мудрый, есть много и глупости, и иногда глупости отвратительной. Всякую минуту берегись, человек, сам себя, своей глупости. Эта величайшая глупость есть грех: от него всякая пагуба.

* * *

Падение первых человеков и всего рода человеческого было глубокое, широкое, гибельное и по своим последствиям ужасное – по лишению тех жизненных даров, коих человек лишился после падения, и по тем ужасным плодам, которые породил грех как последствие разлучения от Бога – Источника жизни.

* * *

Грех есть всескверный, смертоносный, самый мучительный и вместе прелестный яд сатаны, убивающий душу и тело навеки, погружающий во тьму кромешную, разлучающий душу навеки от Бога. Этот яд очистит только Кровь Христова.

Виноградный сад, насажденный Господом. Господь ждал от него гроздов сладких, а он, виноград, превратился в терние. Терновый венец на Главе Спасителя – знамение греховного терния, которым наполнилось человечество.

***

О грех, грех, сколь ты пагубен! Ты сделал мир, сотворенный Богом из небытия, чуждым Богу. «В мире был, и мир чрез Него начал быть, и мир Его не познал. Пришел к своим, и свои Его не приняли. А тем, которые приняли Его, верующим во имя Его, дал им власть быть чадами Божиими, которые ни от крови, ни от хотения плоти, ни от хотения мужа, но от Бога родились» (*Ин. 1, 10–13*).

***

В чем заключается сила преступления, величайшее безумие вольное, неблагодарность и злополучие первых людей? В том, что они променяли Бога на тварь, любовь к Творцу – на преданность лукавой твари, святейший нетленный союз с Творцом – на нечистый, лукавый, злой и тленный союз с тварями. «Кто любит отца или мать более... Меня, не достоин Меня» (сына и дочерь...) (*Мф. 10, 37*). Что сказать о связях и пристрастиях греховных блудников и блудниц, о союзах злонамеренных, каковы нынешние революционные союзы? О союзах сектантов, раскольников, еретиков, о союзах разбойничьих, воровских, противогосударственных?

***

«Возлюби Господа Бога Твоего всем сердцем твоим и всею душою твоею и всем разумением твоим... и ближнего твоего, как самого себя» (*Мф. 22, 37–39*). С минуты преслушания заповеди Божией в раю человек отпал вольною волею от любви Божией и перенес извращенную любовь на самого себя (самолюбие, эгоизм) и на предметы земные, весь облекся в прелесть вражию, и эту прелесть обратил на себя, прельстился своим разумом, отпавши от разума Божия – впал в тысячи прелестей, в прелесть всяких земных наслаждений и в сердце не оставил места для Бога, Которого следует любить (всем сердцем) всем существом, прославлять, благодарить, чтить жертвами богоугодными, в знак признательности и благодарности.

* * *

«Если вы воскресли со Христом, то ищите горнего, где Христос сидит одесную Бога» (*Кол. 3, 1*). Чтобы уразуметь вполне эти слова, нужно вспомнить, что человек чрез грех отпал совсем от Бога и сделался весь земным, мирским, а не Божиим, не духовным, не небесным, каким бы должен быть, сделался рабом безумия, суеты и тления и таким состоянием не только не возмущался, но забавлялся (как и теперь), о покаянии не думал и не сознавал его необходимости, как и теперь не сознают этого гордые писатели и вообще люди гордые, забывшие, что они «черви, а не человеки» (*Пс. 21, 7*), земля и пепел.

* * *

Прельстясь запрещенным плодом в раю, Адам и Ева оставили пагубное, прелестное наследство роду человеческому – всяческую прелесть и ложь земную, всякую суету, всякое безумие греховное, и прежде всего сама женщина сделалась предметом прелести, вожделения и издевательства от бесконечных мужчин! О как глубоко и в какие нечистоты впала женщина или бывшая девица! Как мыкаются в ее грязи и похотях мужчины женонеистовые. А потом всякий человек, кроме избранных и добромысленных, обратил в прелесть и пристрастие свое все земное – самую жизнь обратил во всякую страсть, и сам для себя сделался предметом и целью страстей всяческих. Вечная мгла, если Господь не просветит сердечных очей. О жалкое животное человек, одаренный от Творца свободою, образом и подобием вначале и поставляемый царем всех тварей неразумных, которые во многих случаях разумнее и целесообразнее его. Бог удалился из сердец человеческих и не царствует в них, потому что в них царствует лукавый дух всякой прелести и отчуждения от Создателя – сатана; человек сделался делателищем диавола, лабораторией злых демонов, созидающих в нем всякую прелесть, всякое зло. Христос Искупитель пришел на землю именно для того, чтобы исторгнуть человека от этой пагубной прелести и восстановить в нем снова образ Божий и подобие Божие и сделать его новою тварью и соединить опять с Богом. И святые достигли цели Богоподобия верою, любовью, трудами, смирением, послушанием, молитвами непрестанными. Слава Богу о сем.

* * *

Ева прельстилась плодом запрещенным, и вот все человечество впало в прелесть житейскую и всем стало прельщаться, и женщина сама сделалась предметом прелести чрез свою красоту телесную, и все, все стало для человека предметом прелести: и пища, и питье или напитки всякие, и одежда, и деньги, и всякие игры, и забавы, и животные – собаки, кошки, птицы – ко всему пристрастился человек, – и Бога не стало у него в сердце; Бог стал забытым в сердцах, далеким и презираемым, хулимым. О неблагодарное животное человек! О глупое животное, хотя почтен разумом! Каких ты козней заслуживаешь, злонравный!

***

Ужасно, невообразимо растлена природа человеческая всякими грехами, такими, о которых и говорить стыдно и больно и страшно. Мы, священники-духовники, знаем это больше, чем кто-либо другой, особенно те из нас, которые своей близостью и духовной ласковостью и сочувствием, своей горячею верою и искренностью отношений к духовным болячкам своих духовных чад заслужили их доверие. О, как болят грехами эти простые, искренние души грешников и грешниц и как нуждаются в нашем сочувствии, в совете, врачевании и Божием милосердии! Нет такой греховной нелепости и мерзости греха, в какую бы не впал человек. Иной или иная грешница смесилась со всякими ближними, самыми родственными людьми, со всякими домашними скотами и животными, с птицами, с кошками, собаками, свиньями, лошадьми, коровами, тельцами. Боже мой! Что же это такое? До чего упал человек! Это простые люди. А ученые и образованные, богатые, родовитые падают и падали еще хуже при своем образовании – мужи на мужах студ содевающе. Древние языческие императоры имели страсть к красивым мальчикам и на них удовлетворяли свою страсть плотскую. То же делали и иные высокопоставленные лица чиновные. Святой Андрей Христа ради юродивый обличал явно в этом одного придворного чиновника. Недаром один отшельник игумен, высокий подвижник, собрав однажды свою братию и побеседовав с ними о нищете и бедности духовной и проникновенности скверности греха в природу человеческую, под конец сказал: «Братие, давайте все молиться и плакать», – и все пролили слезы сокрушения сердечного.

***

Не чувствуете ли вы себя в состоянии потери, в состоянии обтерявшегося человека? И в чем же эта потеря? В весьма важном предмете: вы потеряли в себе то, что было существенно вложено в нашу природу, вы потеряли подобие Божие, а часто и самый образ Божий, который вы растлили, обезобразили, осквернили. Ищите же скорее эту драхму погибшую.

* * *

Враг диавол, прельстивший Еву и Адама чрез запрещенное древо, прельщает доныне всех людей всякими мирскими житейскими пристрастиями – пищей, питьем, плотским сладострастием и проч. страстями. Вот как широки и глубоки последствия греха!

* * *

Воздерживаться от страстей нужно особенно будущим супругам, потому что страсти переходят с рождением и к детям и сообщаются им, так что дети делаются жалкими наследниками страстей своих родителей, как и их болезней (например, золотухи). О, наследие греха, наследие плачевное!

* * *

Как противен грех, какой бы то ни был, всесвятому Господу. Это – мерзость, которая разлучает от Него душу согрешающую. «Почитайте себя мертвыми для греха, живыми для Бога во Христе Иисусе, Господе нашем» (*Рим. 6, 11*).

* * *

Воня греховная, воспринятая по неразумению, неосторожности и навыку в юности, остается в душе и в плотских удах до зрелых лет, а иногда и до старости, и вообще во всю жизнь. Помни и берегись!

***

Умри для греха, чтобы жить для Бога. Какие низменные, тленные, нечистые и пагубные стремления твои, человек! Они от Бога разлучают душу и в тление и в смерть поревают, ослепляют душу, в рабство постыдное повергают – в безумие! Горе сердца! На крест умы и сердца устремим и распнем Христу, нас ради распятому. Аминь.

***

Наша жизнь есть непрестанное испытание посредством житейских обстоятельств и столкновений с людьми – насколько мы преклонны душой и сердцем вере, надежде и любви к Богу, Творцу своему, и любви к ближнему и насколько склонны к греху и различным житейским плотским страстям, или к послушанию диаволу, действующему через страсти плотские и прелести мира. Блажен тот, кто поймет глубокую эту задачу свою и твердою стопою пойдет к Богу, препобеждая искушения от плоти и мира, борясь с миром и миродержцем, непрестанно прельщающим нас похотью плоти, похотью очей и гордостью житейской. Святые угодники Божии, их жизнь служит для нас примером и указанием в жизни нашей.

***

Возвеличил Господь человека пред всеми земными тварями, создав его по образу и подобию Своему, с душою разумною и бессмертною, которую и по ужасном падении ее в скверну и тление греха и смерти Он не оставил, и особенно пожалел и ущедрил ее, послав в очищение ее единородного Сына Своего. «Единородного бо Сына Благий, очищение в мир послал еси», возглашает святой песнописец церковный. Сколько врагов у человека падшего, пленника! Собственная коварная, многострастная плоть, диавол, бодрствующий и коварствующий над погибелью нашей, мир прелюбодейный и грешный, со всеми лукавыми обычаями и прелестями, со всею суетой и непостоянством своим. Каждую минуту опасности от греха, опасность погубить душу и тело. Каждую минуту надо быть на страже, воевать с грехом и врагом: бодрствовать и поститься, молиться и размышлять, плакать о себе и о других, погибающих непрестанно и всюду, ибо везде сети врага на гибель расставлены, везде ловит искусный, коварный ловец, не живет праздно ни минуты. Бодрствуй, душа, молись, борись, минуй сети вражий.

* * *

«Доколь свет с вами, веруйте в свет, чтобы не объяла вас тьма» (*Ин. 12, 35–36*). Страшны эти последние слова. Господь предостерегает иудеев, чтобы они оставили свое неверие, ослепление, лукавство и богохульство и уверовали в Него, Свет невечерний, просвещающий всякого человека; в противном случае они сделаются добычею и брашном рыкающего, как лев, сатаны. Страшно быть поглощенным этим змием, этим китом всего ада. Берегитесь, братья и сестры, и служите усердно Господу, доколь вы живы и можете располагать собою.

* * *

Ад бесчисленных грехов заразил все существо человека, душу и тело, и всегда ищет утаиться от человека, скрыть свое безобразие, свой нелепый зрак (вид), чтобы человек не возненавидел его и не почувствовал к нему отвращения и ненависти; он всегда льстит человеку, представляет себя в желанном, привлекательном виде и, как должного, требует себе послушания и удовлетворения (лисица!).

* * *

Бог возвеличил человека, создав его по образу и подобию Своему, а враг, хульник и льстец, непрестанно старается осквернить, уничтожить его недостойными помыслами и хулами. Проклятый!

* * *

От всяких скорбей и печалей избавлял и избавляет нас Господь наш Иисус Христос, и мы благодарим Его за то всем сердцем своим. Но как быстро охватывает нас враг невесть откуда нечаянно наносимыми скорбями, особенно от злых и лукавых людей или от непредвиденных обстоятельств. Слава Тебе, хранящему живот наш от печалей и скорбей!

* * *

Произношу торжественное проклятие тому первому отступнику от Бога, от Его вечной правды, порядка, мира и блаженства, который первый допустил в чистом творении Божием родиться греху и всякой его мерзости, падшему от высоты велия и святости Деннице, насаждающему грех в мире, по допущению премудрого Творца, чтобы больше в бесконечность проявилось долготерпение и просияли подвиги и доблести преданных Богу и устоявших в добре благих духов и верных, преданных Богу до смерти человеков, чтобы нашлось место крайнему всеискупительному снисхождению на землю Самого Богочеловека, Господа нашего Иисуса Христа, Его воплощению, кресту, смерти, погребению, воскресению и окончательной победе добра над злом; проклинаю ту нечестивую, неблагодарную утробу, в которой зародилась впервые глупая, дерзкая мечта и гордыня – сравняться с Богом и объявить Ему войну, Его вечной правде, святости, премудрости, бесконечной красоте и непобедимой силе.

* * *

Первый отступник от Бога – диавол, возгордившийся перед Творцом, объявил Богу и правде Его войну и затем человеческому роду, послушавшему, в лице Адама и Евы, его льстивых речей. Человек, побежденный врагом по невниманию и легкомыслию и плененный от врага всякими видами грехов, должен вести непрерывную войну с врагом и грехом и побеждать его с помощью Божией, чтобы возвратить себе потерянную легкомысленно правду Божию, святость и мир Божий, и достигнуть венцов победы – нетления. Этого требует правда Божия. Возврати потерянное подобие Божие и блаженную жизнь с бессмертием.

* * *

Враг не дремлет: днем и ночью, во сне и наяву влечет нас к греху и питает в нашей душе всякие страсти душеубийственные. Бодрствуй, человек, распинай страсти плотские, особенно чревоугодие и все плотские грехи.

* * *

Мир мечтаний, мир иллюзий создает для нас каждую ночь бесплотный враг наш, и как наяву создает нам ежедневно мир мечтаний, суеты, иллюзий бесчисленных, — так и во сне. День и ночь бывает человек под обаянием врагов бесплотных. Да избавит нас от них Господь!

ЧАСТЬ II

Как мы причастны чувствами плотскими к предметам, видимым зрением, – например, так и впиваемся при встрече в проходящих, в их лица, походку, в костюмы и часто увлекаемся греховно; вообще, все чувства мы употребляем пристрастно, всеми чувствами враг старается сердца наши удалить от Господа. Горе нам! Постоянная борьба нужна, постоянное бодрствование, иначе грех всеокаянный пленит и сделает нас своими рабами. «Господи, помоги нам Имени Твоего ради. Господи сил, с нами буди!»

* * *

«Избави мя диавольского поспешения». Спешит, спешит неимоверно, ловит человека диавол, чтобы погубить его навеки, а люди дремлют, бездействуют и спят в своей житейской суете, в своих пристрастиях, корыстиях, чревных, блудных, игорных (театр и карты), модных, писательских, сонных и всяческих, и – погибают тысячами, как мухи от мухоморов. Спешите же, спешите, христиане, спасать души свои, доколь есть время, доколь ждет и долготерпит Господь, доколь не затворились двери Царствия Небесного. «Приидоша юродивыя девы и говорят: Господи... отвори нам», а им ответит Владыка: «отыдите от Меня, не знаю вас» (*Мф. 25,11–12*). А как Господь-то спешит спасти верных, внимательных и готовых! Всякий час, всякую минуту спешит и всякое пособие посылает. «Господь Пастырь мой! я ни в чем не буду нуждаться: Он покоит меня на злачных пажитях и водит меня к водам тихим, подкрепляет душу мою, направляет меня на стези правды ради Имени Своего» (*Пс. 22, 1–3*). О, спешите же, грешники, к спасению!

* * *

Враг нашего спасения вот уже около восьми тысяч лет остается верным своей лукавой, губительной системе, чтобы уловлять людей в погибель всякими соблазнами и страстями. И сколько, сколько он погубил и в ад свел неосторожных и неверных, гордых, лукавых и злых людей из всякого народа, языка, состояния, пола и возраста, как широка его огненная пасть, которой он поглощает неверных!

* * *

Прельстивший Адама враг и через прелесть свою господство над ним получивший лишил его власти над природою и объявил себя князем века сего. Сначала же князем века сего и господином всех видимых тварей поставлен был от Бога человек, так что ни огонь не мог жечь его, ни вода потопить, ни зверь повредить, ни ядовитое что-либо могло повредить; а когда предался вражьей лести, то и начальство свое предал врагу. Поэтому волхвы и чародеи, по действию противной силы, попущением Божиим, творят некоторые чудеса, обладая ядовитыми зверями и без вреда входя в огонь и в воду, как Ианний и Амврий, противившиеся Моисею, и как Симон волхв, против апостола Петра восставший.

* * *

Ты побежден от врага лукавого, побеждай и сам; тебе даны силы, всякая вспомоществующая и содействующая благодать для победы над врагом: веруй, не спи, не расслабевай, а напрягай все свои силы. «Побеждающему дам сесть со Мною на престоле Моем» (*Апок. 3, 21*). О простота сердца! О вера, не лукаво мудрствующая!

* * *

Береги чистоту и мир души своей, как зеницу ока, «не даждь смятение ноги Твоея» (*Пс.120:3*). Всякое земное житейское пристрастие – от диавола. Тотчас отвергай и презирай его, да Христа приобрящешь в бессмертии.

* * *

Человек через падение свое полевел и крайне далеко зашел влево, удаляясь от Бога Жизнодавца, потеряв правоту и жизнь и наследовав лукавство вражие, его суету, страсть к тлению, злобу, гордость, зависть и смерть; нужнее было сделать обратный путь, чтобы поправить, а этого-то он и не мог сделать без особенной всесильной воли Божией, без искупления Агнцем Божьим, правым, безгрешным Богочеловеком; надо было возвратить утраченную правоту, святыню и правду, но диавол так овладел своею жертвой, что без выкупа соответственного, совершенного вечною и бесконечною правдой, жертвы своей не мог и не хотел возвратить Богу-Создателю и, по правде Божией, человек должен был страдать века и тысячелетия, пока не пришел на землю Избавитель рода человеческого исполнить всю правду, пострадать за неправедных и умереть за них, попрать смерть и воскреснуть из мертвых, даровав всем воскресение. Вот какой сильный враг держал нас в узах смерти!

* * *

Бесконечно дорого в нас духовное начало – бессмертная душа, созданная по образу и подобию Божию, разумная, любящая, свободная, бессмертная, простая по существу, несложная, нераздельная. Но грех, измышленный диаволом, исказил и обезобразил ее, раздвоил ее неестественно, обратил ее мысли и привязанность и любовь к твари вместо Творца, отвратил от любви к Своему Первоначалу, Первообразу, Первоживоту, привлек к первоначальнику зла и тьмы – диаволу, насеял в ней ложные суетные помышления, страстные суетные стремления и чувства, пристрастия к тварям, отвратил ее очи от нетления и обратил к тлению, от неба к земле, от рая к месту изгнания. Нужно неотменно человеку падшему – восстание, заблудившемуся – обращение на истинный, начальный путь, впадшему во мрак – возвращение в свет, впадшему в тление – возврат к жизни, впадшему в рабство – возвращение в прежнюю свободу духа. Все это творит в нас Господь Иисус Христос силою Духа Святого и животворящего; все это осуществили в своей жизни земной святые апостолы и все святые путем веры, покаяния, слова Божия, презрения мира прелюбодейного, суетного, путем мудрования духовного, борьбы непрестанной с грехом, во всех его видах, воздержанием, молитвою, милостынею, умерщвлением плоти со страстями и похотями.

* * *

«Славлю Тебя, Отче, Господи неба и земли» (*Мф. 11, 25*). Когда Спаситель мира, Господь наш Иисус Христос, восхотел, по бесконечности благости Своей, исполнить в кончину веков предвечный совет о спасении погибающего грехом рода человеческого и найти пропавшую царскую драхму, взыскать погибшую овцу Своего словесного стада, тогда, приняв на Себя человеческий образ и облекшись во всего человека от Духа Святого и Марии Девы, Он избрал в помощники Себе, Своему великому делу, простых учеников и апостолов, рыбарей по занятию, и через них на деле показал, что дело спасения нашего не зависит от мирской знатности, учености или от земной суетной мудрости, а что оно есть единственно дело Божие, дело Его благости, премудрости, силы и милосердия. «Бог избрал немудрое мира, чтобы посрамить мудрых, и т.д». (*1Кор. 1, 27*).

* * *

Естество человеческое дивно, богообразно устроено, и для воссоздания его потребовалось такое сверхъестественное средство – воплощение Сына Божия: Его житие на земле, чудеса бесчисленные, учение Божественное, страдания, смерть и воскресение. Падший образ Божий неоцененный, которому весь мир неравностоятелен, был причиною такого сверхъестественного промышления Божия. Понимают ли это люди? Немногие понимают и ценят, а потому и живут многие недостойно, наудачу, как бы случайно, не помышляя о высокой цели звания христианского, живя в суете всяких пристрастий.

* * *

Необходимость вочеловечения и смерти Сына Божия по плоти и проявление правды Божией во спасение падшего в смерть рода человеческого яснее выражены в словах апостола Павла к Евреям. «Как дети» (все падшие потомки Адама) «причастны плоти и крови, то и Он также воспринял оные, дабы смертью лишить силы имеющего державу смерти, т.е. диавола, и избавить тех, которые от страха смерти чрез всю жизнь были подвержены рабству, ибо не Ангелов восприемлет Он, но восприемлет семя Авраамово», и т.д. (*Евр. 2, 14–17*). Это урок толстовцам и всем несмысленным интеллигентам, слишком много придающим значения слепому человеческому разуму.

* * *

Велик человек, когда он исполняет заповеди Божии и есть друг Божий, как Господь сказал ученикам Своим: «вы друзья Мои, если исполняете то, что Я заповедую вам» (*Ин.15, 14*), и «Авраам – наречен другом Божиим» (*Иак. 2, 23*); он божествен и удостоен величайших почестей от Бога и царства непреходящего. Но низок и жалок, немыслен и глуп, подвержен всяким бедствиям, всяким страстям нелепым и бессмысленным, когда он не хочет покоряться закону Божию и исполнять святые и блаженные, жизненные и премудрые заповеди Божии. Человек в своем творении почтен от Бога великою честью, быв сотворен по образу и подобию Божию и царем над всеми тварями земными, получив в обетование бессмертие за соблюдение заповедей Божиих, и столь легких! Но невнимание себе, проявившееся сластолюбие, желание божеской чести и неповиновение заповеди Творца поставили жизнь человека вверх дном, в праведное наказание ему. Но чуден превечный план Творца о спасении падшего человека: в совете всеблагой и премудрой Троицы, все создавшей, положено было искупить падшего человека от греха, проклятия и смерти воплощением и вочеловечением Единого от Троицы – Сына Божия; Его житием на земле и исполнением всех заповедей Божиих до крестной смерти и победительного воскресения с славным вознесением и сошествием в виде огненных языков. Слава Господу о сем!

* * *

Меня удивляет непрестанно Божие всеблагое, премудрое строение спасения душ человеческих, сотворенных по образу и подобию всеблагого, премудрого, вечного Бога, с самого начала человеческого рода доселе и до скончания века. Внимайте и вникайте, что сделано и делается Богом для этого великого, человеколюбивого дела с самого начала падения первых людей в грех, проклятие и смерть, с первого удаления их от Него. Сколько заботы о спасении, какое обетование о Семени жены, имеющем стереть главу змея! Сколько попечения об избранном семени – Аврааме, Исааке, Иакове, Ное, о всех патриархах народа избранного, как и о народе! Сколько чудного помышления, сколько чудес (при изведении из Египта) в пустыне, при судьях, при царях избранного народа! Сколько отеческих наказаний со стороны Господа Бога упорному, преступному народу, сколько пленов ужасных; сколько гибели повинных пред Богом! А разные идолопоклоннические народы – какими бичами Божиими служили для наказания евреев, как сами были потом сокрушены праведным судом Божиим! А в Новом Завете – явление Архангела Захарии, рождение Предтечи, Благовещение Приснодеве и рождение Спасителя мира!

* * *

Чрез грех мы утратили подобие Божие, по коему были созданы Творцом, и стали чужими Ему, несообщимыми. Он сам благоволил уподобиться нам, стать человеком, не переставая быть Богом, чтобы нас сделать подобными Ему, родился от Матери, чистой Девы, без мужа, и от Духа Святого. О чудо чудес!

***

Что для нас сделал Господь как Спаситель наш, как истощил Себя, какую казнь принял за грехи мира и лично за нас всех! А что мы сделали?

***

Ни подумать, ни вообразить никто не мог из не просвещенных светом Христова Евангелия, чтобы Бог так возлюбил падший род человеческий и Сына Единородного дал нам для нашего спасения – для учения, чудотворения, установления церкви и таинств, на страдания добровольные, смерть и воскресение и вознесение на небо, чтобы послать Духа Святого. Благодари, трепещи, человек!

***

«Я есмь дверь: кто войдет Мною, тот спасется» и проч. (*Ин. 10, 9*). Христос есть мысленная дверь. Куда? В рай, в Царство Небесное, чрез веру Христа, Искупителя и Спасителя, в *Церковь* Его, едино спасающую, которой вручено истинное учение Христово, спасительные таинства и руководство пастырей. Без Христа, без Церкви нет другой двери в Царствие Небесное. Отпадшие от веры Христа, от Церкви – погибнут, если не обратятся и не покаются.

* * *

Ради искупительной смерти Богочеловека за мир стоит весь мир и нерушимо стоят все века, за этот час смерти неповинной, искупительной; долготерпит Господь всем беззаконникам, богохульникам, изменникам веры и Церкви за этот час, ад еще не открыл своего зева ужасного, чтобы поглотить нераскаянных, как сказано: «идите от Меня, проклятые, в огонь вечный... и пойдут сии в муку вечную..». (*Мф. 25, 41–46*).

* * *

«Воплощшееся же Слово всезлобный грех потребило есть» (слова и песни кан.). Но вот замечательное выражение из канона св. Предтечи. «В реце бездну некогда, всемудрие Крестителю, погрузил еси, содевающего благодатию поток всего преступления» (рода человеческого), «но молюся, изсуши потоки моих прегрешений Божественным ходатайством Твоим». Бездна правды, святости и милосердия Божия! Христос Бог, пострадав и умерши за нас и воскресши, потопил благодатию Своею все преступление верующего в Него рода человеческого. Какая отрадная для нас, грешных, мысль, какое упование на заслуги Христа! Он может словом потопить все грехи наши и бросить в глубину морскую. Сатана был и есть причина бездны всяких грехов человеческих, хотя люди и сами виноваты в них по непокаянности (покайтесь). Господь всю скверну грехов истребляет. Слава Его правде и милости!

* * *

Есть безначальное, личное Существо, Которому имя – Бытие (Аз есмь Сый) и Которое не быть не может. Оно-то дало и бытие, и существование всякой вещи в мире, и самый мир получил от Него бытие свое. Оно сотворило все существа, как бытие, словом, одним словом: «да будет свет, и стал свет; да будет твердь посреди воды, и явилась твердь» (*Быт. 1, 3, 6*); и так далее и так далее, пока все предложенное в намерении Творца пришло в свое положение и твердое существование. Это личное, безначальное Бытие, Которое мы называем Богом, как всеблагое и всемогущее Бытие, могло дать человеку вторичное нравственное бытие, когда он вольной волею утратил его, и назвало его «пакибытием» во святом Евангелии (*Мф. 19, 28*). Но дарование пакибытия человеку досталось очень дорого – оно куплено ценою ужасных страданий Богочеловека Творца и излиянною на кресте Кровью и смертью Его: «куплены дорогою ценою» (*1Кор. 6, 20*), не будете раби человеком. «Не тленным серебром или золотом искуплены вы от суетной жизни, преданной вам от отцов, но драгоценною Кровию Христа, как непорочного и пречистого Агнца» (*1Пет. 1,18–19*). Дорожим ли мы этим? Ценим ли мы эту жертву Христа?

* * *

Господи, изумляюсь я пред величием дел Твоих в царстве благодати и в царстве созданной Тобой природы; изумляюсь пред безмерною правдою и премудростью Твоею, что Ты, допустив глубоко пасть словесному возлюбленному создания Твоему (человеку) и быть окраденным и обольщенным и осмеянным от змея-человекоубийцы, благоволил искупить и восстановить его сверхъестественным образом. Сам воплотившись и вочеловечившись и избрав орудием воплощения благую. Пречистую Деву, Которую показал Заступницею и Ходатаицей всех правоверных христиан. Ангелы дивятся снисхождению Твоему, смотрению Твоему, благости и премудрости Твоей.

* * *

Если бы оставила меня благость Божия, то я остался бы ветхим человеком, весь в грехах, начавшихся в юности и продолжающихся частью доселе, и весь был бы мрак и тьма, нечистота и зловоние. Теперь же благость Божия меня непрестанно очищает, освящает, обновляет, облагоухает и украшает. Слава о сем Господу!

* * *

Господи, сколь дивно Ты устрояешь спасение человеческого рода! Сколь благостно, премудро, снисходительно, кротко, долготерпеливо, пождательно, ибо ожидаешь терпеливо нашего исправления и обращения, просвещая нас светом благодати, понуждая, умиляя, испытывая наши сердца и внутренности. А мы – сколь ленивы, медлительны, бесчувственны, нерадивы, сластолюбивы, корыстолюбивы, нетерпеливы. Подвигай нас, Господи, ко спасению всяким образом! «Да торжествуют святые во славе, да радуются на ложах своих» (*Пс. 149, 5*).

ЧАСТЬ III

Как влечет к Себе Господь чрез богослужебные песни, стихиры, каноны и весь состав богослужения и до скончания века будет привлекать избранных верующих, любящих службу Божию! Какое богатство горячего покаяния, сердечного умиления сокрыто в нашем богослужении! День и ночь стояли на молитве многие подвижники, привлекаемые любовью ко Христу, принесли в жертву возлюбившему и любимому ими Христу величайшие подвиги воздержания, молитвы и созерцания.

***

Собрат мой, иерей, кто бы ты ни был, наше положение в святой церкви чрезвычайно важно, высоко, многоответственно: нам поручена непрестанная проповедь правой, спасительной веры, совершение богослужения и преестественных, великих, пренебесных, спасительных таинств, пасение словесных овец и руководство их к вечному животу, мы обязаны добрым примером, житием и словом руководить народ к отечеству небесному. Особенно я останавливаю свое и твое внимание на совершении Божественной литургии.

Боже мой! Какая бездна святости, милосердия и правды Божией, какое величие недомыслимое сокрыто в ней, какое спасение, очищение, освящение, обновление, обессмертствование, обожение сокрыто в ней! Какое соединение преестественное твари с Творцом! Возносим ли мы с тобой, как должно, сердца наши горе во время ее совершения? Горим ли мы духом? Возвышаем ли сердца верных на небо своим благоговейным служением? Бог через литургию и причащение Святых Тайн соединяет с Собою человеческое естество и превыше небес возводит его, с Собою посаждает на престол славы, с ангелами совокупляет. Понимаем ли мы эту высоту служения своего, эту безмерную благость, правду и премудрость Божию; ценим ли ее должным образом; благодарим ли Господа, любим ли Его горячо; любим ли друг друга? «Возлюбим друг друга, да единомыслием исповемы: Отца и Сына и Святого Духа, Троицу единосущную и нераздельную».

* * *

О Божественная, святейшая, пренебесная, всеобъемлющая, небо и землю сосредоточивающая литургия православная! Сколь ты чудна, вожделенна, полна бесконечной благости, премудрости, правды, святости Божией, величия непостижимого. Уже предварительная часть твоя, проскомидия, вкратце и в общих чертах изображает твое Божественное величие, спасительность и красоту небесную. Тут в образных, весьма неравных, частях хлеба пшеничного образно представляются:

Сам Агнец Божий, Иисус Христос, вземлющий грехи мира, Божия Матерь, в честь Которой треугольная частица изъемлется из особой просфоры и полагается с правой стороны Агнца, лики всех святых – Предтечи, пророков, апостолов, святителей, мучеников, преподобных, бессребренников, святых праведных Богоотец Иоакима и Анны, святых дневных и того святого, имя которого носит литургия. Это небесная, торжествующая *Церковь*, имеющая единство с земною Церковью, представляется в образных частицах вся земная *Церковь* – все епископство церковное на земле, во Христе, как служащий чин при таинствах, молитвах и учительстве, и наконец, образно представляется третье колено церковное – преисподних, или умерших в вере и покаянии чад церкви.

Видите, какой чудный всеобъемлющий союз Божественный небесных, земных и преисподних! Отрадно, величественно, Божественно стоит посредине дискоса Агнец Божий, закланный и прободенный, т.е. четвероугольная большая часть хлеба, имеющая пресуществиться в Тело Христово, а рядом с дискосом стоит святой потир, образ той чудной Чаши с вином, о которой на тайной вечери Господь возгласил: «пейте от нея вси, сия есть Кровь Моя Нового Завета» (*Мф. 26, 27–28*). Но слушайте, что читает священник, какую молитву, оканчивающую проскомидию. «Боже, Боже наш, Небесный Хлеб, пищу всему міру Господа и Бога и Спаса нашего Иисуса Христа пославый, Избавителя и Благодетеля, благословляюща и освящающа нас, Сам благослови предложение сие и приими е в пренебесный Твой жертвенник. Помяни, Господи, принесших и ихже ради принесоша, и нас неосужденно сохрани во священнодействии Божественных Твоих Тайн!» Какая трогательная Божественная любовь изображается в этой молитве Отцу Небесному! Какая невыразимая не только человеческими, но и ангельскими духовными устами любовь Божия к миру! Не какую-либо земную пищу, не какую-либо манну с неба, но Плоть и Кровь Самого Сына Своего отдал в пищу и Питие – теснейшее общение и срастворение наше с Божеством и человечеством! О любовь невыразимая, о честь высочайшая! О снисхождение, поражающее все ангельские, херувимские и серафимские умы! О премудрость Божия! О правда Божия, милость, красота и величие таинства неописуемого! И мы, недостойные священники или архиереи, совершаем эту литургию так часто, причащаемся святых Тайн иногда и ежедневно! О торжество любви Божией! О блаженство! О утверждение, обожение наше, столь часто восприемлемое! Как мы относимся к литургии? С любовью ли, благодарением и страхом всегдашним, изменяемся ли всегда добрым изменением? Делаемся ли небесными, Божественными, святыми? Приступая к совершению проскомидии, священник, знаменуя трижды копием агничную просфору, говорит: «в воспоминание Господа и Бога и Спаса нашего Иисуса Христа», и, затем, уготовляя квадратную часть просфоры, знаменующую будущего Агнца, или будущее пречистое Тело Христово, он говорит словами пророка Исайи: «яко овча на заколение ведеся» и пр. (*Ис. 53, 7*) и со словами: «яко вземлется от земли живот Его» (*Ис. 53, 8*), берет четвероугольную часть из середины просфоры и ставит ее на дискос и, разрезывая крестообразно, говорит: «жрется Агнец Божий, вземляй грех мира, за мирской живот и спасение», прободая его сбоку, говорит: «един же от воин копием ребра Ему прободе, и абие изыде кровь и вода» (*Ин. 19, 34*). О неописуемая любовь Божия! О невыразимое чудо чудес – литургия! Пади пред ней, человечество, и лей слезы покаяния: ведь за твои грехи она совершается.

* * *

В даровании Божественной литургии Церкви православной и в даровании ей прочих таинств дано Богом так много, что никакой ум человеческий не может оценить великость этих даров: дара возрождения, усыновления, обновления, права на вечную жизнь, входа на небо, сожития с ангелами и всеми святыми и вечного примирения с Отцом Небесным и участия в Его святости и блаженстве. Цените ли вы, православные христиане, этот дар Божий, стараетесь ли жить достойно христианского звания, в чистоте и святости и во всякой добродетели?

* * *

Страшная Кровь Сына Божия, приносимая на литургии, ходатайствует за нас ежедневно. А какое чудное общение есть литургия – общение с Богом, Главою Церкви, со всеми святыми, усопшими и живыми. Какою любовью должен быть воспламенен совершитель таинства – архиерей или священник! Как должен быть отрешен от всякого земного пристрастия! Господи, удостой нас силою Духа Твоего Святого благоговейно совершать эту тайну.

* * *

Причащение Святых Тайн в каждую литургию нас делает здоровыми, мирными, обновленными. Сколько сокрыто величайших дарований в литургии! Благодарим Господа, оживляющего нас своими чудными тайнами! Христиане православные, боготворите литургию, боготворящую нас по милости Божией! Священники и миряне, обновляйтесь ею всякий день. Слава щедротам Бога Отца и Сына и Святого Духа. Аминь.

* * *

Посмотри, сколько у тебя родных, близких, своих во Христе: Богоматерь, святые ангелы, патриархи, пророки, апостолы, святители, преподобные, сонмы мучеников, праведных и всех святых. Совершай внимательно, осмысленно, сердечно, благоговейно, благодарно проскомидию и всю литургию, глубоко разумей ее, умиляйся и плачь пред Богом слезами покаяния и восхищения. Скольких благ сподобил Бог род православных христиан в совершении литургии! По смерти откроется явно все богатство благ, уготованных Богом любящим Его, – «теперь мы видим, как бы сквозь (тусклое) стекло, гадательно» (*1Кор. 13,12*).

* * *

Церковь – тело Христово, к Которому принадлежат все святые, начиная с Божией Матери и кончая последним из святых, все православные христиане, искренно верующие и старающиеся поступать всегда сообразно своему христианскому званию, все духовные миряне, наконец, все усопшие в вере и покаянии. Все, как члены единого Тела, друг другу помогают, особенно святые нам, подвизающимся на земле и усердно прибегающим к ним, особенно же нас спасает всеблагая и всемогущая, всеправедная Глава Церкви – Христос, сей «Агнец Божий, Который берет на Себя грех» наш и всего «мира» (*Ин. 1, 29*). Литургия есть всеходатайственная, Божественная служба за всех живых и умерших; Кровь Иисуса Христа, Сына Божия очищает грехи всех верующих, кающихся и усердно молящихся и ревнующих о христианском житии. Чудная, всепримирительная, всеосвятительная, всеочистительная, всеобновительная литургия и всеобоготворяющая! Должно посещать литургию, участвовать в ее молитвах, славить и благодарить Господа.

* * *

«Приимите, ядите ... Пейте от нея вси» (*Мф. 26, 26–27*)... Все ли едят и пьют Плоть и Кровь Господа по заповеди

Его? У нас в мире православном в иных местах в церкви хоть шаром покати – никого нет причастников; в университетах – нет причастников, не говоря уж о других вероисповеданиях христианских ... Нам до себя. Что у нас-то творится!.. О Божественная наша вера! Божественное православие, паче солнца сияющее православие, завоеванное нам кровью апостольскою, иерархескою, мученическою, преподобническою и всеправеднической, приди к нам! О драгоценнейшая жемчужина! О сокровище, сокровенное на поле (в сердце и в церкви)! О обновление! О нетление! О свет! О соль Божественная! О солнце пресветлое! О самая жизнь вечная! О примирение, совершенное с Богом праведным людей грешных! О златая цепь с небом! О златая лествица на небо!

* * *

Так как грех во всех видах проник все существо человека – душу и тело и срастворился и смесился с ним, то Господь, премудрый Творец и Врач, благоволил и врачевать человечество – подобное подобным. Сам Врач смесился с врачуемым и дал ему вкушать Свое пречистое Тело и Свою пречистую Кровь и смесил с ним Свое Божество и человечество.

* * *

Человечество осквернено и растлено всякими грехами: кровь заражена всякими страстями, и человек нечист во всех кровях, мозгах и костях своих; только одна Пресвятая Дева Богородица была и есть с пречистыми и девственными кровями, от коих воплотился Сын Божий. Для избавления от всякой скверны греха и для обновления человеческого естества надобно было установить

Врачу премудрому, праведному и всемогущему таинство крещения и причащения Тела и Крови Своей, и они установлены Самим Христом Спасителем.

* * *

«Единородного Сына, Благий Отче, очищение в мир послал еси». Есть в мире ужасная нечистота, которая тлит душу и тело человека, оскверняет, омрачает, разлучает навеки с Богом, Источником жизни, и не может быть ничем очищена, как только Кровью Сына Божия, излиянною за грехи мира. Эта Кровь была предназначена прежде всех веков в Совете Божием в очищение мира, т.е. верующих и верных людей, и была прообразована в Ветхом Завете в кровавых жертвах козлов и тельцов. Но ветхозаветные жертвы очищали только плотскую нечистоту, а не душевную; Кровь же Сына Божия очищает и душу и тело, но только тех людей, которые с верою и покаянием приступают к таинству причащения. Веруйте же, кайтесь, очищайтесь, исправляйтесь!

* * *

О лицемерие фарисеев и книжников! О окаянная придирчивость их к безгрешному Богу, во плоти ходящему по земле с учениками Своими! Простые сердцем, смиренные ученики Христовы, идя вслед за Спасителем по засеянному полю, взалкав, срывали колосья, растирали руками и ели в день субботний (*Мф. 12*). Конечно, такое видимое нарушение заповеди о субботе нашло себе врагов в лице злобных фарисеев, и они стали роптать за нарушение субботы, но Господь, обличая их лицемерие и зависть, защитил правоту учеников Своих. Но вот спрошу я тебя, человек, чувствуешь ли ты духовную алчбу и жажду вкушать жизненный, сверхъестественный колос и зерно двурасленное, естественно-жизненное, – Плоть и Кровь Христа Жизнодавца, истинного небесного Хлеба, дающего жизнь миру? Если не чувствуешь этого спасительного глада, то, значит, ты духовно мертв. Человек, начинающий выздоравливать или здоровый, естественно чувствует голод и жажду. Сколько же этих мертвецов в России, в православной Церкви, не чувствующих этой спасительной жажды? Тьма-тьмущая! Множество бесчисленное интеллигентов совсем не бывает у причастия, множество люда бывает очень редко, многие только однажды в год причащаются. А Господь ежедневно взывает: «приимите, ядите... пийте вси..». и нет ядущих и пиющих!

* * *

Величие несказанное и дар неизреченный – причастие пречистого Тела и Крови Сына Божия! Какая глубина падения и растления греховного, чрезвычайность средств восстановления падшего, обновление растленного, очищение величайшей скверны греха, ничем не могущей очиститься, как только неоцененной и пречистой и всеочищающей Кровью Святейшего всех святых Сына Божия. Об этой тайне спасения мы должны размышлять день и ночь, за нее непрестанно благодарить и славить и стараться соответствовать ей всеми силами, желаниями и исполнением всех спасительных заповедей Божиих. «Ужасеся о сем небо и земли удивишася концы, яко Бог явися человеком плотски». О какая любовь! Какое снисхождение! Какая правда, премудрость, какое освящение, обожение, возведение естества нашего превыше всех небес!

* * *

Слава, Господи, Божественным Твоим Тайнам, коими Ты облекаешь меня, как Божественным одеянием и державою. Поистине величайшее, Божественное украшение для истинного причастника, священника или мирянина, — Божественные Тайны. Какой чести ты сподобил, Господи, род христианский православного исповедания, вверив и дав ему в достояние Свою Божественную Кровь, всецелое Божество и Человечество, всего человека обогатив и обессмертив. Какою мы обязаны к Тебе, Господи, любовью, каким благодарением, в какой любви взаимной мы жить должны, как любить и «почитать один другого выше себя» (*Фил. 2, 3*)! Благодарю Тебя, Господи, за все Твои неизреченные милости.

* * *

Священники и дьяконы, приходские и городские, достойно ли причащаются за всякой литургией? Нет, многие недостойно. Бог видит, что они мыслят и творят. Господи, Ты праведный Судия всех, не осуди нас, недостойных, часто причащающихся от чаши святого Тела Твоего. Се мы все недостойны страшных и пренебесных и животворящих Тайн Твоих. Твое безмерное милосердие да покроет грехи наши!

* * *

Ценишь ли ты, о иерей, ежедневно священнодействующий и совершающий литургию, плоды причащения святых животворящих и страшных и пренебесных Тайн! Чувствуешь ли очищение грехов, обновление, просвещение, возрождение, освящение, мир Божий, превосходящий всякое разумение, иго благое и бремя легкое (*Мф. 11, 30*), свободу духа, радость в Духе Святом? Блажен ты, если все это чувствуешь и благодаришь Бога. Возгревай в себе дар Божий, не будь равнодушен, бесчувствен, неблагодарен. За чувство благодарения сподобишься большей благодати, исправляй себя, во всем стремись к совершенству жизни и добродетели, да сподобишься от Господа услышать глас: «добрый и верный раб! в малых ты был верен, над многим тебя поставлю; войди в радость Господа Твоего». Аминь (*Мф. 25, 21*).

* * *

Ты, иерей Божий, служитель Всевышнего Творца, служи литургию со страхом и должным приготовлением, особенно если служишь ежедневно, смотри, чем ты делаешь свою утробу, бывающую ежедневно чрез причастие святых, животворящих Христовых Тайн храмом Божиим, – не орудием ли чревоугодия и лакомства, орудием диавола, который чрез чрево увлек в ад род человеческий и подверг его проклятию. Держись крепко поста, заповеданного Спасителем, внимай себе и другим и спасай себя и народ.

* * *

«Да испытывает же себя человек», хотящий причащаться Святых Тайн, и тогда пусть причащается небесного Хлеба, Тела Христова, и от Чаши жизненной да пиет, «ибо кто ест и пьет недостойно, тот ест и пьет осуждение себе, не рассуждая о Теле Господнем» (*1Кор. 11, 28–29*). Итак, желающие причастия, испытывайте себя, свою совесть, вспоминая грехи свои, – осудите себя прежде Суда Страшного, ибо если бы мы рассуждали, т.е. разбирали бы подробно свою жизнь и исправлялись, тогда не были бы осуждены.

ЗЕМНОЙ ПУТЬ ХРИСТИАНИНА К БОГУ

Земной путь христианина к Богу – борьба с плотью, покаяние, исполнение христианских добродетелей: любви к Богу и ближнему, терпения и прощения обид, смирения, милосердия и прочего. Взгляд на богатство

ЧАСТЬ I

«От дней Иоанна Крестителя доныне Царство Небесное силою берется, и употребляющие усилие восхищают его» (*Мф. 11, 12*). На человека действуют постоянно две невидимые силы: добрая и злая, сила Божия, сила благодати, и сила диавола, сила лукавая и всепагубная; человек поставлен в этом мире как бы между двух огней, из коих один животворный, о коем Господь говорит: «Огонь пришел Я низвести на землю» (*Лк. 12, 49*), а другой — огонь палящий и сожигающий. Человек должен употреблять усилие над собой, чтобы возбуждать в себе огонь Божественный, огонь веры и любви к Богу и ближнему. Человек потерял свое первое Божественное достоинство, свою правоту, святость, благость, кротость и наполнил душу всякими грехами. Вот, у тебя нет чистоты сердца — это большая потеря, надо приобресть ее; нет сочувствия всегдашнего к ближнему в его скорби, беде, бедности, болезни, — перемени себя, будь сочувствен... не имеешь усердия в молитве к Богу, не имеешь духовного вкуса к молитве, не имеешь духовного слуха к слушанию Слова Божия — претвори себя, развей дух, вкус и духовный слух, чтобы с любовью слушать Слово Божие, чтобы чувствовать сладость молитвы и сладость добрых дел. Зло сильно борет человека и нудит на зло, а добро — привлекает к себе своею нравственною красотою, миром душевным, свободою духовною; добро привлекает к себе обетованиями вечной жизни за победу над страстями. «Побеждающему дам сесть со Мною на престоле Моем» (*Апок. 3,21*).

* * *

Дивное дело. Тот же человек, который благоговеет пред Творцом и видит Его творение в прекрасном, восхитительном виде и бывает полон удивления, любви и благоговения пред Ним, – бывает способен и к низким, нечистым, греховным, лукавым помыслам и чувствам плотским, и может воображать в уме самые нечистые скотские вожделения и наслаждения, и глубоко оскверняться в своих помыслах и чувствах. Что за противоречие в тебе самом! Какое стремление греха в тебе! Как грех в виде всякой нечистоты стремится осуществить себя на деле и осквернить тебя. Какой подвиг душевный непрестанно предстоит для тебя – бороться с нечистотою внутри тебя и отвоевывать свое благородство духа и чистоту души и тела! Иначе ты развратишь и оскверднишь свою природу – душу и тело. Истинно, «Царство Небесное усилием берется, и употребляющие усилие получают его» (*Мф. 11, 12*). «Побеждающему дам сесть со Мною на престоле Моем, как и Я победил и сел со Отцем Моим на престоле Его» (*Апок. 3, 21*). Война непрестанная с грехом необходима, доколе мы на земле; сидеть сложа руки нельзя, иначе грех одолеет и победит и подвергнет вечному плену, стыду и муке.

* * *

Знаете ли, чем мы все бедны и безобразны и в чем более всего нуждаемся? Все мы зачаты и родились в беззакониях и бедны чистотою, правдою и святостью, – ибо неправда и нечистота зачались с нами в утробе матери, в чреслах отца и, с возрастом нашим, возросли и укоренились и сделали себя как сорную траву в поле среди пшеницы или как сухие, бесплодные смоковницы. Это достойно плача и слез. Мы родились в христианстве или присоединились к Православной Церкви, потому и должны жить в чистоте и всякой добродетели, а мы живем нерадиво, бессмысленно, суетно, как попало и не думаем стремиться ко Христову совершенству, забыв, что нам сказано Господом: «будьте совершенны, как совершен Отец ваш Небесный» (*Мф. 5, 48*).

* * *

«Царство Небесное», т.е. святость, чистота, правота, воздержание, молитва, целомудрие, любовь к Богу и ближнему – «силою берется» (*Мф. 11, 12*), т.е. силою благодатной помощи Божией и собственным усердием, – «и употребляющие усилие приобретают его». Плоть противится духу, т.е. всякой добродетели, чтобы мы не то делали, что хотим, ради Бога и спасения души и ради блага ближних. Требуется сопротивление человека всякому злу, всякой страсти плоти и духа, всякой похоти и обучение, усвоение всякой добродетели.

* * *

Тварь борется с Творцом, тварь ругается Творцу или мнится ругаться Ему, между тем сама над собой ругается на пагубу себе; но вот она будет торжественно побеждена: «ибо Ему надлежит царствовать, доколе низложит всех врагов под ноги Свои. Последний же враг истребится – смерть» (*1Кор. 15, 25–26*). В падении дано человеку больше благодати, чем дано было до падения. Дивно превосходство благости Твоей пред злобою диавола, Господи! Да покажется превосходство Твоей благости, Господи! Слава Тебе!

* * *

Боже мой! Как обесчестил и обесчестит враг Твое создание, которое создано по образу Твоему, и доселе бесчестит во всех нас днем и ночью бесчисленными грехами и страстями, помыслами нелепыми, нечистыми, хульными, вредными, смущающими души! Какое внимание, какая молитва, какое воздержание, какая борьба должна быть в нас с врагами мысленными! Боже, помогай нам всем, особенно верным и внимающим себе!

* * *

Ты попал в плен диавольский по невниманию, по неблагодарности, гордости: старайся освободиться из этого плена с помощью всесильного Ратоборца, Господа Иисуса Христа, победившего общего нашего врага и супостата; на то тебе даны все Божественные силы. Смотри на пример борьбы апостолов, святителей, мучеников и всех святых и подражай им, а они всегда помогают призывающим их с верою.

* * *

Господь Бог у вас, братья и сестры, совсем в пренебрежении и непочтении из-за ваших пристрастий греховных, из-за нелюбви друг ко другу; вы мечтаете только о земном и нимало – о небесном, о здоровье плотском заботитесь, а о спасении душевном – нимало. «Наше жительство – на небесах, откуда мы ожидаем и Спасителя, Господа нашего Иисуса Христа» (*Фил. 3, 20*).

* * *

Нет ничего достовернее той очевидной истины, что люди и общества человеческие с самого начала бытия их, с самого начала греха, находятся в состоянии падения. Это падение человечества стало постоянно, неизбежно. Вознерадели люди о первой заповеди Божией, которая должна была больше утвердить их непадаемо, уклонились от нее, не исполнили ее по гордости, легкомыслию, нерадению, и с того времени жизнь рода человеческого стала непрестанным, непрекращающимся рядом падений – падений частных лиц, целых семейств и обществ. Так-то и доселе люди непрестанно спотыкаются и падают. Сколько ни пиши законов для обществ человеческих, основных и всяких, – эти законы не в состоянии удержать людей в порядке семейном и общественном. Семейства, роды и народы волнуются, мятутся, мирно жить не могут, всякие страсти волнуют общества человеческие, нарушают мирное течение, производят беспорядки, неверность, измены в общественной жизни, все ставится вверх дном, отеческая, правительственная и верховная власть колеблются, бывают близки к падению и падают. Какова картина падений! Это картина вековая, тысячелетняя.

* * *

Что такое история человеческого рода? История то падений, то восстаний, история шатания мыслей человеческих, жизни семейной и общественной, и история падений царств и народов или отдельных городов и учреждений. А наше время какую картину представляет?

Картину падений всех обществ. Где причина такой слабости умов, сословий, учреждений, нарочито собирающихся для утверждения колеблющегося государства и, между тем, по-прежнему колеблющегося; где причина темноты, слабости и падения? В неверии, в отпадении от Бога, от Божиих премудрых повелений, в надеянии на свой разум слепой, в последовании своим страстям. И поделом – без Бога, без разума Божия, без закона Божия, без «Церкви Божией, которая есть столп и утверждение истины» (*1Тим. 3, 15*), общества не могут стоять твердо и учреждения их не могут иметь твердой опоры, а потому они все распадаются, ибо сказано: «без Меня не можете делать ничего» (*Ин. 15, 5*).

* * *

Жизнь наша на земле – сон, мечта и постоянное и постепенное умирание, не жизнь; жизни хочу истинной, действительной, Божественной, свойственной существу, сотворенному по образу и подобию Божию. Боже мой, а что за сны, когда мы спим ночью, утром или вечером! Это грезы, мечты, да еще часто грешные! Это потеря времени для Бога, для жизни в любви Божией, во святости Божией, в нетлении, в свете Божества, в мире, в пространстве сердца?

* * *

Что за жизнь наша на земле? Мы не живем, а бредим сознательно или бессознательно, волею и неволею. Когда же мы будем действительно жить и служить Богу, всячески нам служащему и угождающему бесчисленными благами жизни, всякой помощью, всякими исцелениями, утешениями, предупреждениями и всяким хранением, милованием, прощением грехов наших? Когда мы будем мыслить, чувствовать, говорить, предпринимать и делать богоугодно, разумно, спасительно? Все наши страсти греховные не бред ли наш, не суета ли?

* * *

Вы, интеллигенты, оставили небесную мудрость и ухватились в земную суету, ложь, мираж, мглу непроглядную: и будете наказаны собственным безумием, собственными страстями. Вы пренебрегли живою водою, светом животворным, солью земли и истяжетесь в истлении своем вечном, не увидите вовеки света Божия, но пребудете во тьме. Вы предпочли Христу Льва Толстого, высших светских писателей, умноживших свое борзописание до бесконечности, так что некогда христианину взяться за Слово Божие, которое есть источник чистоты, святости, правды, света, вечной жизни и блаженства.

* * *

Плотскою красотою и минутною сластью враг прельщает, а от Источника духовной и вечной красоты, от Бога, враг отвращает и ни во что Его считает и в смерть поревает. Вот безумие! А ты вожделевай вечной, духовной красоты – Бога, создавшего всякую красоту; от тленной же, разрушающейся и смердящей восходи к нетленной же, вечно благоухающей и дивно облагоухавшей тела святых, живых и по смерти. Боже, в каком плену находится человечество! В плену всевозможных грехов, ослепляющих ум и сердце человека.

* * *

Господи, ты уловил уловившего нас убийцу-диавола, убил его и нас избавил от его челюстей. Посему *церковь* взывает к Владычице Богородице в одной песне: «лук крепкого миродержца Твоим чревоношением, Владычице, сокрушися: Ты бо плоть Божественного воплощения светоносно подали еси удице Отчу Слову (Христу), еже праведного улова нашего врага (диавола); темже Ему вопием: слава силе Твоей, Господи» (песнь 4, служ. 1 авг.). Что за бессмыслие греха, или ветхого нашего человека! Чрез что мы осквернились, растлились, омрачились, обезумели, умертвились, через что лишились Божия благословения и подверглись проклятию и вечной муке? Или снова и снова стремимся, порываемся, хотим постоянного повторения растлевающего греха какого бы то ни было? Из-за чего? Из-за минутной приятности, раздражения плотского, упоения удовольствием плотским. О проклятый грех! О проклятая страсть плотская слепая, всепагубная, смертоносная! Доколе ты будешь жить и царствовать в нас и губить нас? Святые Божии человеки всех названий, ублажаем вас, чтобы бодро и постоянно воевали с плотью, презрели, попрали ее, умертвили ее и чрез то вселили Бога в свое сердце и сделались пространным селением Духа Святого. Помогите и нам умертвить ее, умерщвляющую нас всякий день.

* * *

Дружба с плотью нашей и прелесть наслаждений плотских – причина грехов наших, причина холодности к Богу, пристрастия к миру и его мнимым преходящим исчезающим благам, причина нашей душевной лености и нерадения. «Воздремашася и спаху!» (*Мф. 25, 5*).

* * *

Примечай за своею многострастною плотью, какой она величайший враг тебе: чрез тысячу похотей она хочет удалить душу твою от Бога, расслабить, осквернить ее, умертвить ее, – она расслабляет чрез леность и холодность к молитве, к поклонам, к богомыслию. О домашний, вселукавый, льстивый враг! Доколе я буду с тобою? «Кто избавит меня от сего тела смерти» (*Рим. 7, 24*)?

* * *

Кто долго спит, для того интересы духовные делаются чуждыми, молитва трудною, наружною и несердечною, а интересы плоти становятся на первом плане – пища и питие, прибыль, игры, разные увеселения. Излишний сон вреден, расслабляет душу и тело.

* * *

«Страдающий плотию перестает грешить» (*1Пет. 4, 1*). Вот почему страдания, крест необходимы для христианина: без страданий, без удручения плоть наша дурит, беснуется, грешит, Бога гневит, себе и душе напасти творит. О плоть окаянная, многострастная, из-за которой все беды в человечестве! О сердце многострастное, скверное! «Исходящее из человека оскверняет человека. Ибо извнутрь, из сердца человеческого, исходят злые помыслы, прелюбодеяния, любодеяния, убийства, кражи, лихоимство, злоба, коварство, непотребство, завистливое око, богохульство, гордость, безумство, – всё это зло изнутрь исходит и оскверняет человека» (*Мк. 7, 20–23*). Вот где источник зла в человеке – в сердце! «Сердце чисто сотвори во мне, Боже, и дух правый обнови внутри меня» (*Пс. 50, 12*). «Окропи меня иссопом, и буду чист, омой меня, и буду белее снега» (*Пс. 50, 9*). О благость, о всемогущество, о правда, о премудрость Божия! О простота существа Божия!

* * *

Баня и продолжительный сон, все вместе взятое, очень не благоприятствуют духовной жизни и развивают леность и сладострастие. Избегай всячески нежить плоть и обращайся с нею сурово, ради Царствия Божия.

* * *

От всеблагого Бога только благое происходит, а не злое, – и самая болезнь твоя есть благо, а ты ропщешь, малодушествуешь, унываешь: терпи, благодари; за вольные сласти в юности – невольные болезни в старости.

* * *

В посту, особенно священнику, надо оставить раздражающие плоть сласти и не угождать ей, а огорчать ее: спать недолго, поучать народ слову Божию, покаянию нелицемерному, плодотворному, пробудить ненависть ко всякому греху, объяснить, как он противоестественен нам и противен Богу, как он (грех) вопреки природе сроднился с ней и действует в ней властно, ненасытно и гибельно.

* * *

На мир и на все, что в мире, смотри как на тень преходящую и ни к чему не привязывайся, не имей пристрастия. Существен духовный непреходящий мир и создавший его Господь Бог: к Нему прилепись всей душой.

ЧАСТЬ II

Нужна борьба неотложная, непрерывная со всеми страстями, живущими и коренящимися в нас. Какую, скажи мне, поборол ты страсть и умертвил? Не живы ли они все в тебе доселе и не уязвляют ли, не смущают ли тебя? Восстань и побори все страсти, этих мысленных амаликов, живущих в тебе и уживающихся с тобою. «Какое общение праведности с беззаконием? Что общего у света со тьмою? Какое согласие между Христом и Велиаром» (*2Кор. 6, 14–15*)?

***

Иные так привыкают к грехам и такую имеют испорченную совесть, что и грех не считают за грех, а за дело урядное и как бы дозволенное, или за дело умения, ловкости и удальства обманывать и обольщать других и пользоваться их оплошностью и невежеством к своей выгоде. Надо соблюдать свою совесть здоровой, чистой, незапятнанной, чувствительной, нежной, которая тотчас же отражала бы от себя прикосновение какого бы то ни было греха, как бы смертельного яда, «ибо возмездие за грех – смерть» (*Рим. 6, 23*). Так в нынешнее лукавое время разных свобод, неправильно данных, неправильно понятых, иные и убийство не считают за грех, и прелюбодейство, и грабительство и прочие.

* * *

По мере повторения грехов образуется привычка к ним, по мере повторения грехов воля к добру слабеет более и более, а к злу крепнет так, что становится трудным противиться греху. Надо так приучиться ко всякой добродетели, чтобы она была в человеке как бы природным свойством.

* * *

Всякая христианская душа должна достигать такого душевного состояния, чтобы всегда чувствовать ко всякому греху совершенное отвращение, в каком бы виде он ни представлялся, а вместе и достигнуть совершенного расположения сердечного ко всякой добродетели.

* * *

Чтобы наследовать небо и вечную жизнь и сподобиться вечного сообщества святых ангелов и святых человеков, нужно здесь, на земле, предочистить себя, возненавидеть грех и возлюбить правду, одну правду, и таким образом уподобиться Богу и святым Его, «ибо какое общение праведности с беззаконием? Что общего у света с тьмою» (*2Кор. 6, 14*)? Святые всю жизнь готовились и очищали себя от всякой скверны плоти и духа, особенно надо научиться смирению, ибо начало греха – гордость. Денница пал гордостью.

* * *

Все святые сознавали себя и чувствовали грешниками и все искренне каялись, плакали, проявляли возможное сознание грехов вольных и невольных, восходили по степеням покаяния, исправления, упражняли себя во всякой добродетели и достигли святости, уподобления и присвоения к Богу. Мы ежедневно читаем молитвы, умиляемся ими, плачем и получаем милость от Господа. Слава милосердию Его, долготерпению Его, благопослушливости Его и благоуветливости! Сколь блаженны мы, имея такого Бога, «сильного в милости и благого в крепости, чтобы помогать утешать всех уповающих на Его милосердие».

* * *

Читаешь в молитве вечерней: избави от науки злы (молитва Святому Духу). Если научился лакомиться, лишнее есть и пить, блудные помыслы, вожделения лелеять в себе, корыстолюбствовать, лениться молиться, завидовать, обижаться от всяких пустяков, роптать на трудность в жизни, на болезни, неудачи, так теперь научись все убивать в себе постом, молитвою и подвигами по силе своей и не думай, что это нужно только монаху — это необходимо каждому христианину во всяком звании и состоянии: Если сумел грешить, так сумей и оправдаться и очиститься, чтобы стать сыном света.

Все размыслим о своем плачевном, ужасном падении и о нужде восстания, исправления. Многие не сознают этого падения и потому не считают должным и необходимым восстание и закосневают в бесчисленных страстях и худых навыках. Господи, отверзи мысленные очи наши.

* * *

Истинный христианин гнушается всяким грехом не на словах только, но и делом гнушается, и в мыслях, и чувствах, и в воспоминании, и воображении и, гнушаясь им, любит всем сердцем Бога и добродетель. Да будет это, раб Божий, с тобою всегда.

* * *

Каждый день, час и минуту будь строгим наблюдателем и судией всех мыслей, желаний и всех движений сердечных, слов и дел, и не допускай себе оскверняться ни единым помыслом, воображением и желанием, греховным словом и делом, ведая, что Господь есть праведный Судия, каждое мгновение судящий тебя и оценивающий всего твоего внутреннего человека. Для Бога соблюдай себя чистым непрестанно, ведь и конец твой близок.

Внимай себе и смотри, куда зрит око твое внутреннее – к Богу, к небу, к нетленному отечеству, к святым и небесной славе, которую они получили за свои труды и борения, за свою крепкую преданность Господу и неопадающую любовь, или к земле, к земным удовольствиям, к этому плену, к этим сновидениям исчезающим.

* * *

Если хочешь себя узнать в точности, каков ты, какие у тебя недостатки, привычки, страсти, пороки, замечай свои сны, когда спишь днем и ночью, замечай их по возможности все – и ты получишь картину, или отголосок, душевного твоего направления, дурного и хорошего, и, узнавши себя, немедленно старайся исправить свои недостатки и как серпом срезать греховные плевелы.

* * *

«Если правый глаз твой соблазняет тебя ... если правая твоя рука соблазняет тебя» (*Мф. 5, 29–30*)... Человек сотворен правым и должен быть таковым, оставив лукавство греха; нужно отсекать страсти, а не руки и ноги, вырвать страсти, а не глаз. «Из сердца исходят злые помыслы» (око лукавое) (*Мф. 15, 19*). Все это должно быть отсечено, вырвано с корнем с помощью благодати Божией.

* * *

«Если кто... не возненавидит... душу свою... не может быть Моим учеником» (*Лк.14:26–27*). Действительно, душу свою ты должен возненавидеть, ибо она полна страстей всяких, отчуждающих тебя от Бога, Живота вечного, она – орудие диавола, она враг твой непримиримый.

* * *

Праведный Господь допускает расти и созревать в этом мире добру и злу и долготерпит ему, не хотя гибели грешников и для умножения наказания нераскаянных и злоупотребляющих Его долготерпением. Достохвально и удивительно это долготерпение Божие, плод Его любви к тварям. Благодаря этому долготерпению сколько спаслось грешников и грешниц, которые должны бы были погибнуть вовеки, если бы Господь не долготерпел нас, предвидя наше обращение и исправление. О чудное долготерпение! Прославляю чудное это свойство Божие, благодать и долготерпение! Сколько чрез тебя спаслось величайших грешников! Манассия, царь Иудейский, этот окаяннейший царь, только благодаря долготерпению Твоему помилован. Прочти молитву Манассии

(*2Пар.36:23*) покаянную и поучись глубине покаяния и самоосуждения и исправься.

* * *

Бог дал нам, грешным, недугующим бесчисленными страстями, как милостивый Врач, покаяние как духовное врачество, как жизнь. Всякая искренняя душа жаждет покаяния, как живительного питания, как пищи, укрепляющей душу и тело, как слепой – света. Дар покаяния нам исходатайствован от Отца Небесного святого, блаженного Иисусом Христом, и только Им одним, ибо Он один за нас исполнил всю правду, весь закон Божий, которого никто из людей сам собою исполнить не мог, ибо Он один взял на Себя проклятие, которым праведно проклял человечество непокорное Отец Небесный, Он один за нас претерпел все муки и за нас вкусил «смерть», которую мы сами себе снискали как неизбежный «оброк греха» (*Рим. 6, 23*). Если бы Господь Иисус Христос не принес Себя добровольно в жертву за нас, нам не было бы дано покаяния, а ради Его жертвы оно дано всем верующим, и все истинно смыслящие усердно пользуются им, изменяются Божественным изменением, делаются новыми людьми, с новыми мыслями, желаниями, намерениями, делами и спасаются, просветляются и Богу присвояются. Только неверующие, лукавые, упорные да ленивые погибают.

* * *

Ответственно ли человечество за этот ужасный час девятый, в который Искупитель наш испустил дух? Ответственно, ответственна каждая душа, ибо за каждую душу пострадал и умер Господь, за каждую заплачена эта бесконечно дорогая цена. Мы должны жить не для себя, но для Умершего за нас и Воскресшего. Вот наша ответственность, вот наша обязанность относительно умершего за нас на кресте Богочеловека, а поскольку и за тебя умер Христос, то и ты должен искренно всегда каяться, ибо за твои также грехи страдал Агнец Божий.

* * *

«Царю Небесный, Утешителю, Душе истины... вся исполняяй...». (Молитва Святому Духу). Все, т.е. наполняющий небо и землю. А твое сердце наполняет ли Он, Дух Святой? Спроси себя искренно, и если нет, то почему, по какому пристрастию твоему, из-за какого греха? И постарайся покаянием нелицемерным привлечь в сердце Духа Святого.

* * *

Человек христианин! Вспомни, сколь многопопечительный и чудесный промысл явил о спасении твоем Господь, предопределив спасти тебя прежде, чем веки сотворены, предъявив свое пришествие на землю чрез пророков и разных праведных Ветхого Завета, как Он пришел на землю и исполнил все Свое смотрение о тебе, основав *Церковь* с пасторством и таинствами, дав ей спасительное слово благодати на благодать, все спасительные средства к жизни и благочестию! Вспомни страдания за тебя Господа Иисуса Христа, искусительную смерть крестную, воскресение и вознесение на небо и обещание вторично прийти на землю со славою для суда над живыми и мертвыми. Скажи, что ты сам делаешь для своего спасения, «ибо Царство Небесное усилием берется, и употребляющие усилие приобретают его» (*Мф. 11, 12*)?

Устыдись себя, покайся, оплачь свое неверие, нерадение, косность, леность, суетность, безумие и прочие страсти и скорее примись за дело спасения своего. Читай Слово Божие, читай, как подвизались святые, подобострастные человеки.

* * *

О обновляющая сила покаяния, по милости Божией! Сколь великое милосердие и долготерпение Божие к нам грешным! Каждый день (ревнуя о покаянии) мы обновляемся благодатью покаяния. Господь в покаянии дарует душе пакибытие. Меня умиляет безмерное благоутробие Божие к роду человеческому. Какую безмерно великую цену Он дал Отцу Небесному за избавление человека от ада и вечной муки и за дарование святости, в выкуп за нас Богу: дал Самого Себя, пострадал и умер за нас! О драхма погибшая, по образу Божию созданная душа! Невеста Божия! Чадо Божие! «Он изъязвлен был за грехи наши и мучим за беззакония наши; наказание мира нашего было на Нем, и ранами Его мы исцелились» (*Ис. 53, 5*). А потому мы должны спострадать Ему и распяться, чтобы ожить с Ним.

* * *

Сколь свята, блага, премудра, вечна, всеблаженна воля Божия относительно нас, человеков, и как мы должны непрестанно, всеми силами стараться исполнять ее для собственного вечного и временного благополучия. А наша воля сколь греховна, близорука, слепа, ошибочна, эгоистична, гибельна, имеющая в виду только свою личную пользу и прибыль. Не забывай, что ты с юности растленный душой и телом, и глубоко смиряйся и кайся пред Богом и благодари, что Он дал тебе время на покаяние и исправление. О, сколько милосердия излиял на тебя Господь во все дни жизни твоей на земле! Нет числа! Плачь и благодари.

* * *

Сколько страстей различных, холодности и нерадения о душе и ее вечной участи за гробом, уныния, роптания, непослушания, своенравия гнездится во глубине наших сердец, – и сколь мы нечисты пред Богом, недостойны Его почти всякую минуту, а достойны Его разве только тогда, когда искренне сознаем свои грехи и плачем о них, прося прощения и изъявляя твердое желание впредь не повторять грехов, не оскверняться ими, не раболепствовать им, а твердо хранить и исполнять святую, праведную и премудрую волю Божию.

* * *

«Приблизьтесь к Богу, и Он приблизится к вам» (*Иак. 4, 8*). Чрез грех люди удалились от Бога, живота Его и присвоились диаволу, виновнику греха и всякого зла и смерти. Но силою Распятого доселе совершаются знамения и чудеса спасения человека, за его искреннее покаяние, чрез которое он делается близким Богу или Богочеловеку – в одном Лице, неслитно, нераздельно.

* * *

«Алчущих исполнил благ» (*Лк. 1, 53*). Чем глубже покаяние, смирение, сознание и чувство своих грехов, тем обильнее подается благодать прощения, тем более благ изливается в душу человека от всещедрого Владыки.

Манассия был самый беззаконный из царей, но показал потом и покаяние, великое и глубокое, и сподобился от Господа великого прощения и милости. Вникните в покаянную молитву Манассии, царя Иудейского, как он в ней смирился, покаялся; как возвеличил милосердие и долготерпение Божие! Молитва его – образец покаяния.

ЧАСТЬ III

«Покайтесь, ибо приблизилось Царство Небесное» (*Мф. 3, 2*). Грехи удаляют человека от Бога, Источника жизни, и ввергают в смерть. Чтобы приблизиться к Богу, нужно искреннее покаяние. Бог Сам ищет удалившегося человека. Сам оставляет небо и приходит на землю, делается человеком, вступает в ближайшее общение с ним, беседует, освящает воды Своим Крещением, дарует баню пакибытия, установив тайную вечерю – причащение Тела и Крови, низводит благодать Духа Святого на верующих, дарует покаяние, разрешение грехов, освящение, обновление, утверждение, сыноположение и обожение. Чего еще Он не дал? Все, все с избытком дал. Как пользуются люди средствами спасения? Попирают их, как свиньи бисер (*Мф. 7, 6*). Но строго взыщется с неверующих, неблагодарных, гордых и злонравных.

* * *

«Копать не могу, просить стыжусь» (*Лк. 16, 3*). В том-то и беда и важная потеря, что просить не можешь, а просить надо. «Просите, и дано будет вам» (*Мф. 7, 7*); «ведь ты несчастен и жалок, и нищ и слеп и наг» (*Апок. 3, 17*); копать не могу, а копать надобно; покопал бы в глубине души своей и выкопал бы настоящий клад – бессмертную душу, погребенную страстями, ту душу, которая сотворена по образу и подобию Божию и которая совсем у тебя подавлена житейскими похотями и сластями.

* * *

Велики грехи, коими искусились, в кои впали святые мужи, ибо и праведник седмижды на день падает (*Притч. 24, 16*); но мы им обязаны великими образцами покаяния, милости Божией, как-то: Давиду, Манассии и многим святым Нового Завета – апостолам Петру и Павлу, блуднице, блудному, разбойнику благоразумному, Марии Египетской и многим-многим; если бы не согрешили они тяжко пред Богом, не подарили бы они церкви таких чудных, пламенных, искренних образцов покаяния. Прочтите с сердечным вниманием псалмы царя Давида, особенно псалом 50-й, и молитву Манассии, царя Иудейского, нечестивейшего из царей, повелевшего перетереть деревянной пилой величайшего из пророков, Исаию, и помилованного, – и вы увидите, сколь велика была в них сила покаяния, которую Сам Бог принял в воню благоухания в образец нам, грешным.

Люблю я великого Предтечу и Крестителя Господня Иоанна за его кроткую, но грозную и решительную проповедь фарисеям и саддукеям: «лопата Его в руке Его, и Он очистит гумно Свое и соберет пшеницу Свою в житницу, а солому (мякину) сожжет огнем неугасимым» (*Мф. 3, 12*). Слушайте или читайте чаще эти грозные слова и покайтесь, современные фарисеи и саддукеи и все интеллигенты и невежды в Законе Божием. Ждите страшного исполнения последних, а все подвизающиеся – блаженного обетования Господня. Аминь.

* * *

«Став же, фарисей, сице (так) в себе молящеся» (*Лк. 18, 11*). Что читает в душе фарисея всевидящее, всеправедное, страшное, правосудящее Око, ибо фарисей молился не вслух, а тайно, про себя? «Боже, благодарю Тебя, что я не таков, как прочие люди» (*Лк. 18, 11*)и проч. Под фарисеем можно разуметь все высокомерное, надменное своим званием, саном и умом, ученостью суетною, богатством, красотою, силою, успехами и с гордостью и презорством взирающее на грешное, но смиряющееся и кающееся в душе человечество, у которого внутреннее око, просвещенное светом благодати, обращено внутрь себя, в глубины сердечные, и созерцает всю бездну греховную, все растление, которое внес в природу нашу грех, всю повинность перед правосудием Божиим, всю наказуемость свою от суда Божественного и, смиренно сознавая свои грехи, взывает из глубины смиренного сердца о помиловании: «Будь милостив ко мне грешнику» (*Лк. 18, 13*). Вот что видело, что читало в сердце мытаря праведное Око: Оно видело, Оно читало в одном невежественную гордость и кичение, а в другом (мытарь) смиренное сознание множества грехов и безответность грешника пред высочайшею Правдою: «Боже, будь милостив ко мне грешнику». Какое бесчисленное множество фарисеев видит Божественное Око, особенно в нынешнее время – время безбожия, время поклонения собственному разуму, своему писательскому таланту, время поклонения золотому и серебряному кумиру, время домогательства власти над подчиненными. Жалкие вы, несмысленные, близорукие, слепые вы люди! Вы не предполагаете и не думаете, что ваши все суждения, легкомысленные, злобные, всякие страсти ваши начертаны неизгладимым резцом там, на небе, в книге вечных судеб Божиих, да и в ваших совестях, – и все обнаружатся на всенародном суде и принесут вам невыносимый срам и осуждение праведное. Теперь вы укрываетесь от суда человеческого и от своей совести и безнаказанно творите беззаконные дела, проводя время в играх, наслаждениях плотских или праздности и смехотворстве, – там не утаится ни один помысел. Считайтесь здесь со своими грехами, доколе есть время покаяния. Скоро затворятся двери, и будете напрасно стучать и говорить: «Господи, Господи, отвори нам» (*Мф. 25,11*). Вам будет ответ: «отойдите от Меня, делающие беззаконие, не знаю вас» (*Мф. 7, 23*). Вы здесь всюду первые – там будете последними, т.е. в аду, последние, эти мытари кающиеся, будут первыми. На всемирном этом гумне лопата вывеет всю мякину и сожжет огнем неугасимым, а пшеницу соберет в житницу небесную. Итак, «пусть неправедный творит неправду еще; скверный да оскверняется еще, а праведный да творит правду еще, а святой да освящается еще. Се, гряду скоро, и возмездие Мое со Мною, чтобы воздать каждому по делам его» (*Апок. 22, 11–12*). Что вы станете делать, неверующие, неготовые, расслабленные, растленные до мозга костей, когда постигнет вас Страшный Суд Божий нечаянно, как японская война, как русская революция? Тогда не дадут вам времени и в дом войти, чтобы взять какую нужную вещь, «один берется, а другой оставляется» (*Мф. 24, 40*).

***

Людям первого допотопного мира дано было времени на покаяние 120 лет, и они были предупреждены, что за грехи будет общее наказание от Бога – потоп. Время шло, а люди развращались и не думали о покаянии и не верили проповеднику покаяния, праведному Ною, – и Слово Божие исполнилось в точности. Евреи не верили пророкам, что они будут пленены вавилонским царем, и продолжали идолопоклонничать – и пошли в плен, и Иерусалим был разорен, и все богатство перешло в Вавилон. Современные Иисусу Христу иудеи не уверовали во Христа как в Мессию и умертвили Его крестною смертью, и пророчество Христа о падении Иерусалима вскоре исполнилось – иудеев истребили римляне без пощады. Так и в нынешнее время народ обезумел, не внемлет воплю святой церкви, говорит – это сказки, нас обманывают священники для своего дохода. О слепые, о жестоковыйные и не обрезанные сердцем, не на ваших ли глазах все события, предсказанные Евангелием и ныне сбывающиеся? Вот война истребительная, голодовка, моровые поветрия. Неужели и теперь не верите в правосудие Божие? Но знайте, суд при дверях, и Господь скоро грядет со славою «судить живых и мертвых» (*2Тим. 4, 1*).

* * *

Характер нынешней жизни есть вера, покаяние, борьба или война с грехом во всех его видах, хождение в путях Господних, приношение плодов покаяния, умножение талантов, данных в делание, облечение в нового человека. «Кто во Христе, тот новая тварь» (*2Кор. 5, 17*). «Се, творю все новое» (*Апок. 21, 5*), говорит Господь. Основание благочестия есть глубокое познание себя, своего образа и подобия, познание всей глубины своего падения, своей беспомощности без Бога, единого могущего восстановить нас от падения и очистить «от всякой скверны плоти и духа» (*2Кор. 7, 1*), очистить, освятить и сделать новою тварью. Господи, помоги нам! Господи, спаси нас!

* * *

Много нам дано от Бога милости, но много и от нас требуется перемены к лучшему, много покаяния, усердия, любви и всякой добродетели, чтобы был совершенен Божий человек, готовый на всякое благое дело.

* * *

Истинное покаяние требует не повторения грехов, в коих покаялся человек, а неуклонного следования по пути добродетели. А то бывает часто, что человек покаялся в раздражении, злобе, неприязни и вскоре опять увлекается ими, покаялся в невоздержании, а вскоре опять то же, покаялся в лицеприятии, пристрастии к человеку, а через минуту – опять то же.

* * *

«Будьте совершенны, как совершен Отец ваш Небесный» (*Мф. 5, 48*). Покаяние прилежное, ежедневное и ежечасное, должно вести нас к исправлению, к добродетели и совершенству, день ото дня, час от часу должны лучше мы быть. Покаяние должно вызывать воздыхание и слезы, как в мытаре и блуднице.

* * *

«Нога моя стоит на правоте» (*Пс. 25, 12*). Пришел на память мне этот стих псалма, и я углубил его в сердце чрез размышление и думал: о, если бы нога моя (душа) стала твердо на совершенной правоте закона Божия, на правоте благодати. Даруй, Господи, милость сию рабу Твоему!

* * *

«Друг, как ты вошел сюда не в брачной одежде? И сказал слугам: связав ему руки и ноги, возьмите его и бросьте во тьму внешнюю: там будет плач и скрежет зубов; ибо много званых, но мало избранных» (*Мф. 22, 12–14*). Христос Бог наш уподобил Себя Жениху святому, прекрасному, светоносному, вечному, благоволившему обручиться вечным, нетленным, жизненным обручением в будущей нескончаемой жизни и в здешней, земной предобручающему Себя верной душе. Чтобы обручиться с душами верными, но осквернившимися грехами бесчисленными, исказившими образ Божий и от Бога удалившимися, сделавшимися чужими для Него по грехам. Господь даровал им прекрасную, нетленную, духовную одежду в таинстве крещения и запечатления Духом Святым чрез помазание святым миром. Но человек снова осквернил одежду крещения и опять удалился от Бога и оделся в смердящее рубище страстей, разорвав и обесчестив свое обручение с Богом; тогда Господь по милосердию Своему благоволил снова дать ему одежду брачную в искреннем покаянии и причащении Святых Христовых Тайн, и человек опять получает нетленную одежду и соединяется теснейшим образом с небесным Женихом с тем, чтобы беречься всячески опять не запятнать одежды брачной и жить в святости. Кто же эти обрученные Христу, Жениху небесному, души, где они? Эти души – вы, братья и сестры. Спрашиваю вас: чисто ли украшено ваше брачное одеяние? Украсили ли вы души свои добрыми делами? С чем вы явитесь на брачную вечерю, в Царство Небесное, готовитесь ли вы непрестанно туда, где ожидает нас прекрасный Жених, Царь ангелов и всех святых? Готовьтесь немедленно, время течет и приближает вас к концу жизни, а потом придется делать расчет с Домовладыкой праведным за всю жизнь. Ей, говорю:

будем все готовиться, чтобы приобрести одеяние души чистое, святое, угодное небесному Жениху. Аминь.

* * *

Требуется верность и преданность Господу всякой разумной твари; но чтобы быть верными и преданными Господу, нужно бросить пристрастие к плоти своей страстной и миру прелюбодейному и грешному, прельщающим нас минутными сластями. Нужно перестать быть рабом чрева, театра, карт, цирка, рабом различного кутежа, табачного зелья, рабом серебра и золота и затейливых мод. Вот ты, поклонник театра, оправдаешься ли на суде Божием в пристрастии к нему? Нет, потому что ты из-за него забыл Бога, храм Божий, слово Божие, молитву, свое высокое назначение по душе своей, созданной по образу и подобию Божию, забыл о вечной жизни и о приготовлении к ней, о милостыне, девстве, целомудрии и воздержании. А ты, корыстолюбец и лихоимец, явишься ли правым пред Богом, когда Он будет судить тебя по делам твоим? Нет, задавит тебя золото твое, лихоимство твое, скупость, алчность твоя, чужд ты будешь милосердия Божия как не миловавший ближнего. Ты будешь брошен в огонь геенны, и тебе отказано будет и в капле воды, прохлаждающей и утоляющей пламень ада. А ты, блудник, получишь ли помилование на суде, если не покаешься и не бросишь свое прелюбодейство, не оплачешь его, не загладишь его милостыней и воздержанием? Так, все привязанные, пристрастные к тени мира сего, обманчивым страстям его, не будут помилованы, если не покаются. О, как многие согрешившие и покаявшиеся были помилованы! Как много бывших блудников, убийц, лихоимцев и покаявшихся вошло в рай и наслаждаются блаженством! Как велико человеколюбие Божие! Сколь велика, безмерно велика, искупительная сила креста, Кровь Агнца Божия Иисуса Христа, пролитая за мир! Чем оправдаются неверующие, гордые, ожесточенные, непокорные, отчаявшиеся? Для них готово было милосердие Божие, если бы смиренно обратились к Богу, Который никому не желает погибнуть, но хочет, чтобы все спаслись и пришли в познание истины. Господи, прости нам, священникам, за недостатком времени «скоро возлагающим руку» (*1Тим. 5, 22*) разрешающую (на кающихся). Не осуди нас за сие и за многое другое.

Что приближает нас к Богу, или что делает нас свойственными, родными Богу чадами Его? Живой образ Божий, вложенный или врожденный в душе нашей, союз веры, в который мы вступили с Богом по крещении, родившись водою и Духом и усвоившись Богу, обязательство с той и другой стороны: со стороны Господа – миловать нас и воспитывать нас духовно для Царствия Небесного, для вечной жизни в Боге, с нашей стороны – желание и старание любить Бога, нас возлюбившего до крайности, угождать Ему исполнением Его заповедей и жить свято, удаляясь грехов и принося Ему покаяние. Вот что делает нас своими Богу, близкими чадами Его. А грех то и дело усиливается отчуждать нас от Бога, удалять, охлаждать к Нему, делать нас дикими, наподобие животных и зверей. «Знает вол владетеля своего; и осел – ясли господина своего», а человек часто не знает своего Господа (*Ис. 1, 3*).

ЧАСТЬ IV

Каждый изменись, преобразись внутренне; гордый смири себя и считай себя последним из людей, не возносись никогда ничем и не хвались. Ибо что у тебя есть доброго, что было бы не от Бога? Все доброе от Него. Перемени зависть на доброжелательство; если ты блудно живешь, немедленно оставь нечистоту свою и поревнуй о чистоте помыслов и желаний; если твоя воля порочная, исправь ее и будь непорочен во внутренностях своих; если ты сребролюбив, оставь пристрастие, жестокосердие свое к бедным и будь милостив; если ты сварлив и неуживчив, будь скромен и живи со всеми в мире; если ленив к молитве и добродетели, будь впредь тщателен; если ты пьяница, впредь живи трезво; если вороват, сам подавай; если ты лукав, будь прост и нелицемерен. Все возвыситесь на высоту добродетелей, как на гору, и отрясите свои грехи, как тину, как нечистоту, как тление и источник тления.

* * *

Ходи всегда пред Богом, как пред Лицом Отца всеблагого, всемогущего, скоропослушливого, всегда готового исполнять праведные желания и прошения сердца нашего.

* * *

Мысли и рассуждай так, что на небе известны все твои мысли, чувства и расположения твоей души, когда ты сидишь, лежишь, ходишь, работаешь, молишься, читаешь, разговариваешь – все, решительно все известно, и потому живи осторожно, думай и чувствуй право, живи по совести и по заповедям Спасителя и Бога, с людьми обращайся искренно, просто, нелукаво, доброжелательно, чисто и свято, молись Богу и святым усердно, благоговейно. Аминь.

* * *

Тебе, человек, каждый день, час, минуту Господь, Творец твари, всячески угождает: и солнышком тебе светит, ласкает тебя и тихим светом месяца ясного, и воздухом живительным и приятно освежающим, и огнем, и водою на всякую потребу твою, и зерновыми, и древесными, и корнеплодами, и на земле лежащими плодами (и в каком бесчисленном множестве разных приятных вкусов!) и плотью всевозможных животных и всяких рыб и птиц; а тканей-то, тканей сколько тебе Господь даровал для покрова и одеяния твой плоти или для украшения твоего; сколько металлов, а камней-то драгоценных для украшения твоего и святых храмов! Так тебе Бог всем угождает, к твоему бытию и благобытию, наслаждению. Не обязан ли и ты Ему угождать для твоего же блага – жить по совести и Закону Божию, заповедям и советам Его, по Евангелию Его, по указанию твоей духовной матери, Церкви Божией? Угождаешь ли ты Ему? Тебе отрадно, приятно дышать воздухом и освещаться солнцем, есть приятный хлеб для подкрепления, бодрости и силы, пить всякие напитки. Что же ты делаешь для Господа приятное, угодное? Хотя Он и не нуждается ни в чем твоем, а требует угождения Ему для тебя же самого, потому что в этом угождении Ему жизнь твоя, покой твой, свет твой, сила твоя, радость твоя, блаженство твое. Оставь безумие – и жив будешь, исправь разум в ведении – и наследуешь вечный живот.

* * *

Господь возлюбил нас беспредельной любовью, сошед с небес и человеком став для нас; а как мало в нас, во многих же и совсем нет веры и любви к Нему, потому что увлечены совсем мирскими и плотскими страстями. Вот святые угодники и угодницы возлюбили Его с самоотвержением, с горячностью, при каких подвигах! Зато и блаженны и от церкви ублажаются вечно.

* * *

«Бог, Который Сына Своего не пощадил, но предал Его за всех нас, как с Ним не дарует нам и всего?» (*Рим. 8, 32*). И как мы не пожертвуем для Него, для общения с Ним всякими привязанностями житейскими, всякими пристрастиями, любовью к родным и друзьям, к богатству, к почестям, к пище и одежде, к играм и забавам? Кому и чему позавидуем, имея в себе самих Господа, Источника жизни и всех благ?

* * *

Кто всех любезнее для нас должен быть? Не Господь ли, Творец и Промыслитель наш всеблагой? Какая в нем бездна жизни, святости и света! А рассмотри внимательно все дела Его по возможности – какую в них Господь проявил и непрестанно проявляет благость, премудрость и чудный Свой промысл о всех! Какая чудная книга – эта видимая природа, вещающая непрестанно внимательному и мыслящему и верующему совершенства Творца, бесконечный разум Его! Но что всего удивительнее – Господь, как величайшее доказательство Своей благости, создал человека по образу и подобию Своему, с разумною, свободною способностью к взаимной любви людей и любви к своему Творцу и Промыслителю, к оценке дел Его, к благодарности и преданности Ему до конца жизни, предназначенной к бессмертию. Вот в ней-то, в душе человеческой, ищи особенно просветления Божией благости, премудрости, величия Божественного, ибо что дороже и выше в человеке, как быть образом и подобием Божиим и проявлять в себе Его совершенство? Вот почему Господь один достоин преимущественной и всецелой нашей любви и самоотвержения. «Кто хочет идти за Мною, отвергнись себя и возьми крест свой, и следуй за Мною» (*Мк. 8, 34*). А что мы находим в тварях, в своих страстях и похотях плоти и крови, в пристрастиях к миру? Находим постоянный обман, прелесть, тлен, скорбь, мрак и тесноту, разочарование и скуку, пустоту и, в конце концов, вечную муку, если не опомнимся, не покаемся и не обратимся к Богу, Источнику нашей жизни и всякого блага. Там непрестанно находим обман и вред в излишних удовольствиях чрева, в яствах, напитках, в играх, зрелищах, разгулах, в чтении одних светских книг легкого содержания. Как многие после кончины безутешно будут стенать, плакать о том, что напрасно погубили время, данное для столь великой цели, т.е. для спасения души, для присвоения Богу, для покаяния, отчуждения от всякого греха, для всяких добрых дел! Доколе имеем время, очнемся от своего греховного и пагубного усыпления, от своей греховной мечтательности. «Се Жених грядет в полуночи, и блажен раб, его же обрящет бдяща...».

* * *

Главная заповедь Закона Божия есть любовь, ее надо исполнять неотложно; но диавол, зная это, противопоставил и противопоставляет свою нечистую плотскую любовь, которой от начала научил и доселе учит людей, любовь мира сего – любовь прелюбодейную, любовь почестей мира сего: «Тебе дам всю славу, если падши поклонишься мне», говорил диавол Господу (*Мф. 4, 9*).

Сколько разновидных грехов и страстей гнездится в глубине души твоей, когда Господь открывает сердечные очи твои зреть их. «Господи, от тайных моих очисти меня, и от умышленных удержи раба Твоего» (*Пс. 18, 13–14*). «Лисицы (бесы) имеют норы и птицы небесные (бесы) – гнезда, а Сын Человеческий не имеет, где приклонить голову» (*Мф. 8, 20*). Зато какая награда уготована чистым сердцем! Как Господь прославляет их еще в жизни настоящей! А что в будущей приготовил им!

* * *

Сердце твое должно быть все объято и поглощено любовью Божией и не должно иметь в себе места для плотской нечистоты, слепой, бессмысленной, пагубной для души и тела. Между тем враг наветует и влечет на плотские беззакония, разжигает, палит помыслами и воображением скверного греха, но ты противостой всеми силами и не давай себе увлекаться ими, да не осквернишься и Бога прогневаешь.

* * *

Не предпочитаешь ли ты тварь Творцу и не любишь ли более тварь, чем Творца? Необходимо, чтобы всякий человек пришел в истинный разум и научился искренне почитать и любить вечного личного, любящего Творца твари и ради Его любви презирать любовь земную, пристрастную.

* * *

Не возлюби даров больше Благодетеля, не возлюби пищи тленной более пищи нетленной – пречистого Тела и Крови Христовых, ибо иной лакомства свои любит более этой небесной, нетленной, животворной пищи.

* * *

Должно гнушаться всяким грехом и не иметь к нему сердечного влечения и расположения (любви), например, к пище, питью и разным неподобным вещам. Вместо того надо постоянно иметь благоговейные и благодарные помыслы о Боге, о Его непрестанных благодеяниях, о Его сладчайших обетованиях в нынешнем и будущем веке, о несравненности будущих небесных благ в сравнении с здешними, преходящими, тленными, грубыми, должно всегда каяться о всех уклонениях от Закона Божия и нерадении об исполнении его.

* * *

Ты, христианин, должен быть хозяином и господином в своем сердце, должен господствовать над всеми страстями и убивать их, и давать господство благодати и всякому добру, особенно любви к ближнему, чтобы любить Бога больше всего, ибо любовь к Богу испытывается на любви к ближнему: «не любящий брата своего, которого видит, как может любить Бога, Которого не видит» (*1Ин. 4, 20*), и сию заповедь имеем от Него, что любящий Бога должен любить и брата своего. «Ненавидящий брата своего, есть человекоубийца» (*1Ин. 3,15*).

* * *

Един Превожделенный, Един, Который есть край всех желаний – Господь, чистое, нетленное, святое, премирное, вечное Вожделение, Которого возжелали сильно, невозвратно, непобедимо все святые. Который есть неотпадающее Вожделение всех бесчисленных соборов ангельских. А у нас сколько прелестных, обманчивых, нечистых, тленных вожделений, из-за которых мы отпадаем непрестанно от любви к Богу и ближнему! Суетные, жалкие, непотребные человеки, обратившие в ложь всю жизнь свою, помышления и желания свои, стремления свои, оставившие единое на потребу – благодать Божию, оставившие кладезь живой воды и выкопавшие себе дырявые колодцы, в которых нет живой воды, а лишь мутная, нечистая, горькая, мертвая вода страстей! О, как омрачил нас, обезобразил и умертвил грех и всяческие страсти наши! Необходимо нам просветление, очищение, освящение, покаяние непрестанное, самопознание, особенно познание бесчисленных грехов своих. «Беззаконие мое я сознаю, сокрушаюсь о грехе моем» (*Пс. 37,19*). Слава Тебе, Господи, просвещение наше, любовь наша, сокровище наше жизненное!

* * *

Присвоился ли ты, о иерей, Христу всем помышлением, всею душой и всем сердцем, чтобы и Он тебя присвоил Себе, вселился в тебя и обитель в тебе сотворил?

* * *

«Все почитаю за сор, чтобы приобрести Христа» (*Фил. 3, 8*). О, высокая христианская небесная философия небошественного Павла! Все земное: красоту человеческую, богатство тленное, сладости пищи и питья, красоту одежд, злато и серебро – все прелести земные, прельщающие взор и чувство, считай за сор, чтобы приобресть Христа, ибо нельзя иметь сердце Христа, если имеешь к чему-либо пристрастие из земного. Вот небесное любомудрие? Подражай.

* * *

Не сердись на бездушные вещи и не ругай их, когда они не так, как нужно, складываются и бывают тебе помехой в деле. Привыкнешь сердиться на вещи – будешь сердиться и на людей, даже без причины, и от любви отпадешь, а любовь – сущность всего Закона Божия. «Люби ближнего, как самого себя» (*Мк. 12, 33*).

* * *

Господь говорит: «любите врагов ваших, благословляйте проклинающих вас и творящих вам обиду» (*Мф. 5, 44*). Итак, любите врагов ваших поляков, финляндцев, грузин, армян, евреев, кавказские племена; они крепко ненавидят и болеют диавольской ненавистью, они жалки, несчастны, подвержены страстям и сто раз нуждаются в нашем сожалении, сочувствии; ненависть ослепила их сердечные очи, они враждуют и против Бога, заповедовавшего всем любовь. Люби всякого человека, ненавидящего тебя, и молись за него, «побеждай зло добром», по апостолу (*Рим. 12, 21*).

* * *

Кто привыкает раздражаться и гневаться на вещи различные, не удовлетворяющие его (падающие, ломающиеся), не подходящие под меру и т.д., тот привыкает раздражаться и на людей, почему-либо не угождающих ему, на противящихся ему намеренно или ненамеренно. Нужно все переносить равнодушно и при малейшем предлоге раздражения каяться Богу и просить Его помочь нам немощным.

* * *

Если царь или какая-либо вообще власть духовная или светская во многом ошибается и поступает противозаконно, по слабой совести или бесхарактерности, с видимыми опущениями, не презирай, не брани, не унижай их на словах, но молись за них Господу, да «немощное уврачует и недостающее восполнит», ибо без Бога мы не можем делать ничего истинно доброго и полезного.

* * *

«Блаженны вы, когда будут поносить вас» (*Мф. 5,11*). Господь ублажает поносимых за Имя Его святое, потому что и Сам был поносим от книжников и фарисеев и оклеветан. И ты радуйся, а не печалься, не обижайся, что тебя поносят и взносят на тебя всякие небылицы, – «велика тебе за это награда на небесах. Радуйся и веселись»

(*Мф. 5, 12*). Этого недоставало у тебя: тебя не порицали, а только хвалили; потому, когда хвалят тебя, думай, как бы тебе не быть осужденным от Бога, что все говорят о тебе только хорошо. Поминай Христа Бога, «Который, будучи злословим, не злословил взаимно, страдая, не угрожал, но предавал то Судии праведному» (*1Пет. 2, 23*). Аминь .

* * *

«Если ты принесешь дар твой к жертвеннику... пойди прежде примирись..». (*Мф. 5, 23–24*). Мы не должны иметь ни к кому неприязненного отношения, а должны иметь отношение снисходительное, терпеливое, всепрощающее, полное любви, чтобы Бог простил и нам.

ЧАСТЬ V

«Не судите, да не судимы будете; ибо каким судом судите, таким судимы будете» (*Мф. 7, 1–2*). Господи, даруй нам не судить живых, тем менее умерших. Ты один праведный Судия – как Творец и Законодатель живых и усопших. А нам даруй строго осуждать себя самих и просить прощения и оставления грехов вольных и невольных усопшим.

* * *

Смотрите, как восхваляет Владычица боголюбезное смирение: «призрел, – говорит, – Господь на смирение рабы Своей, ибо отныне будут ублажать Меня все роды» (*Лк. 1, 48*), и как осуждает гордость, из-за которой случилось падение такого множества ангелов с Престолами, Начальствами, Силами, Властями. «Явил, – говорит Богородица, – силу мышцы Своей, рассеял надменных помышлениями сердца их» (*Лк. 1, 51*). Кто эти гордецы в мыслях сердечных? Денница падший и ангелы его, целое царство бесовское. О, как много еще должно быть жертв страдания и смерти, жертв людских, чтобы заполнить число отпадших, и как много число это пополняется! Сколько жертв смерти, особенно в эти годы безначалия, безнаказанности и террора! Сколько невинных младенцев, умирающих каждый день! Сколько убитых за веру, царя и отечество! Все они восполняют число отпадших ангелов. Господи, сколь праведны, благи, премудры, чудны, непостижимы дела Твои. Смерть жнет и косит бесчисленные жертвы. Господи, сохрани *Церковь* Твою непоколебимо.

* * *

Чудная, премудрая пророческая песнь Божией Матери: «величит душа Моя Господа ... что призрел Он на смирение Рабы Своей; ибо отныне будут ублажать Меня все роды..». (*Лк. 1, 46–48*). Прежде всего Она славит Бога за то, что Он дал Ей смирение и призрел на это смирение. Пресвятая Дева глубоким смирением исправила поползновение Евы к гордости и к желанию сравняться с Богом. Сын Ее и Бога «смирил Себя, быв послушным, даже до смерти, и смерти крестной, уничижил Себя Самого, приняв образ раба, сделавшись подобным человекам» (*Фил. 2, 7–8*). За смирение же вознес Деву Марию, сделав Ее Матерью Своею, – сотворил величие Ей невообразимо великое.

* * *

Служи людям нелицеприятно и охотно – богатому или бедному, здоровому и больному, благообразному и неблагообразному, знатному и простому, веруя и памятуя, что все они – члены Христа и твои уды и что за нелицеприятное и усердное служение ты получишь награду от Подвигоположника Христа. «Кто напоит ближнего, хотя чашею... воды, во Имя Его, – не погубит мзды своей» (*Мф. 10, 42*), говорит Он. При служении ближним иногда является лицеприятие, или леность, неохота, или гнев и раздражение, или желание вознаграждения. Знай, награда твоя – Христос.

* * *

Когда в церкви служишь, тогда ты благоговейно служишь, когда же в простых домах и у простых людей служишь – небрежно, торопливо и бессердечно служишь, как будто не тот же Бог Сердцеведец великий и страшный и в церкви, и на всяком месте. Исправься и будь везде искренен и благоговеен.

* * *

Отыми от меня, Господи, весь помысел лукавый видимого сего жития. Как надоедает мне непрестанно этот весь лукавый помысел видимого (есть невидимое) сего жития, отвлекающий нас от действительного, невидимого, вечного жития. Замечаем постоянно в мире алчность к видимому, страстное стремление, зависть к многоимущим, и еще и еще, до бесконечности приобретающим для себя и не дающим от своего богатства бедным или еще отнимающим от них. Будь богат Богом и не завидуй обогащающимся до безумия и забвения Бога.

* * *

Не смотри на множество нищих, преследующих тебя своим попрошайством, как на врагов твоих, по причине твоего пристрастия к стяжанию, но как воистину на друзей Божиих и твоих, из-за которых готовится тебе вечная, нетленная награда на небе; не смотри на них как на тунеядцев, а, напротив, на себя смотри как на такового, потому что у многих ты даром ешь и пьешь в сладость.

Жалей не денег, а их как истинно бедных и жалких, не имеющих где голову приклонить, ходящих до изнеможения за малой милостыней. «Даром получили, даром давайте» (*Мф. 10, 8*).

***

Был я в селах и видел крестьянское житье. Какая бедность везде, какие рубища с бесчисленными заплатами! Какие изможденные лица от недостатка питания! Какие скорбные лица! Что, это пасынки, а не чада Божии? Богачи и смотреть на них не хотят, не хотят их одеть, напитать, утешить! Какова душа богатого! Как она противна Богу человеколюбивому! Не ублажай богатого, не льсти, не завидуй ему, а плачь о нем как о самом жалком человеке.

***

Сравниваю мысленно город, особенно столицы, и деревни и дивлюсь контрасту между ними: в тех, т.е. городах, – роскошь безумная, миллионы, потраченные на ненужное великолепие, блеск и изящество, а в деревнях – убожество крайнее, хаты или домики, большей частью крытые соломой, обстановка самая простая; для еды и питья хлеб ржаной, похлебка какую Бог даст. Работа вместе Богу и мамоне, страсть к любостяжанию делает человека идолопоклонником: «любостяжание... есть идолослужение», говорит апостол (*Кол. 3, 5*). Вспомните, до чего довело Иуду корыстолюбие. Вот какой враг Богу и человеку любостяжание. Бегайте любостяжания – оно делает человека каменно-сердечным, врагом Бога и людей.

***

На богатом человеке, упоминаемом в Евангелии, отошедшем с печалью от Господа, видим, как и ныне многие богачи, по видимости верующие и любящие Господа, тотчас впадают в недоверие и жестокосердие, когда от них потребуется милостыня бедным, и отходят от проповедника с печалью, лучше желая жить в богатстве, нежели с Богом.

* * *

«Собирает» (сокровища земные) «и не знает, кому достанется то» (*Пс. 38, 7*), говорит пророк Давид. Жалкое состояние души богача. «Кому достанется то, что ты заготовил» (*Лк. 12, 20*), говорит Господь богатому в притче. Ужасное состояние! Уготовал несметное богатство, а Бога и душу потерял и на вечную муку ее уготовал. «Поди, все, что имеешь, продай и раздай нищим, и будешь иметь сокровище на небесах; и приходи, последуй за Мною, взяв крест» (*Мк. 10, 21*), говорит Господь богатому юноше.

* * *

Помни слова Спасителя о богатых, как трудно им, уповающим на богатство, «войти в Царствие Божие» (*Мк. 10, 23*), и что их доля – мука вечная за привязанность к богатству и за жестокосердие к бедным, ибо они отходят от Христа с печалью, когда предлагают им продать имение и раздать нищим, о коих они не пекутся. Жалки вообще богачи как извратившие свою природу, как одичавшие и полагающие жизнь не в Боге, а во множестве стяжания, готовые снять с бедного последнюю рубашку. Наше богатство – Бог и Его правда и милость.

***

Главный недуг юноши богатого, о коем говорится в Евангелии, был тот, что он страстно предан корысти, сребролюбию – с ног до головы, и сердце его не было милостиво, а жестоко, несострадательно к бедным, и он солгал Господу Сердцеведцу, что сохранил от юности все заповеди: он не любил ни Бога, ни ближнего, любил только себя, любил копить и собирать, а не нищим подавать. Видел голодного – не накормил, нагого – не одел; вообще, нуждающемуся в чем-либо не помогал. Видишь ли ты, жалко ему собранное, жаль отдавать. Молиться ли станет – о деньгах думает, а не о Боге; вообще, только о земном помышляет, а не о том, как бы любить пламеннее Бога и ближнего, добро творить усерднее; а заповеди творит только по виду, как бы напоказ другим. О, душа моя окаянная, бегай и ты подобного лицемерия и двоедушия!

***

Господи, какое богатство дал ты человеку! Ты дал Себя Самого, всю благодать Духа Святого, будущее царство с его вечными благами и радостями, – а земное богатство, привязанность к нему лишает человека Бога и вечной жизни, оно является врагом человеку. Мудрствуй же о нем по Христову и апостольскому учению и примеру святых, как они смотрели на богатство земное, как его добровольно оставляли, как его презирали, считали за сор, за великое препятствие к боголюбию, спасению души. Еще ли тебе мало богатства духовного? Ведь Сам Бог отдал тебе всего Себя, даде Себя «боящимся Его» (*Пс. 110, 5*); а ты слушаешь лести врага и завидуешь богатым, со дня на день обогащающимся и лишающимся – Кого? Самого Господа!

* * *

Два живота, две жизни предназначены Богом избранным человекам – временная, земная, и вечная, небесная. Эта жизнь дана нам независимо от нас, будущая жизнь без нас, без нашей веры и желания, без добрых дел никому не может быть дана, нужно веровать твердо и постоянно в будущее воскресение мертвых и в будущую бесконечную жизнь, нужно воспитать себя для нее, запастись елеем добрых дел и милостынею, ибо «милостивые помилованы будут» (*Мф. 5, 7*). Потому Господь и Евангелие указали богатому юноше, желающему знать о пути в Царствие Божие, на милостыню, и притом щедрую, и юноше показалось невместимо слово о раздаче имения бедным и вечной жизни, и он ушел от небесного Учителя с печалью в сердце. Господь по этому поводу сказал, что «трудно богатому войти в Царствие Божие», ибо нельзя упование на бездушное богатство и счастье земное делать своей целью, а не отечество небесное, не нищету духа. Мне вместо всех богатств, почестей, красот и сладостей земных – Христос Бог истинное, вечное, неотъемлемое богатство, говорит верный христианин. Воистину! – достояние человеку верующему и преданному. «Ибо для меня жизнь – Христос и смерть – приобретение» (*Флп. 1, 21*).

* * *

Человек, завидующий чужому богатству или удобству жизни, сам обнаруживает свое к нему пристрастие и ложное направление ума и сердца своего и от Бога отступает сердцем и идолопоклонником становится. Посмотри лучше на крестьянина: там напиток – вода, чай иногда, и не у всех, лишь по достатку каждого, имение – две-три скотинки, лошадь и несколько овец для еды и одежды. А если взять во внимание непрестанные пожары, дотла все сжигающие в деревне, то приходишь в удивление, как только еще живут бедные крестьяне. Горожане утопают в богатстве, деревня утопает в огне и бедности. Деревенские жители – это мученики, скорбные вечно люди. Эти последние многие будут первыми в будущем веке.

Не завидуй скупым и жестокосердым богачам, неправильно разбогатевшим за счет бедного народа. Они погибают в суете и обогащении своем и Бога не имеют и совсем от Него отпали. Помни, что «земля и все на ней дела сгорят» (*2Пет. 3, 10*). Не ревнуй же обогащающимся телом, а о душе бессмертной не радеющим, и молись за них, погибающих, омраченных душами своими, и имей всегда Бога в сердце – истинное богатство человека верующего. Ей, аминь.

* * *

Завидующий богатству других обнаруживает тем самым скрытое желание самому завладеть их промыслом и богатством и вместе пустоту своего ума и сердца и недостаток веры в Бога, Коим живет всякий человек, и любви к немощному ближнему. Если бы Бог был богатством сердца его, никогда он не позавидовал бы богатству земному и тленному ближних своих, считая его суетным и весьма препятствующим спасению души его. Ибо богатому крайне трудно войти в Царствие Божие, а погибнуть легко, как евангельскому богачу-весельчаку или человеку-богачу, у которого «был хороший урожай в поле, и он размышлял сам с собою: что мне делать, некуда мне собрать плодов моих» (*Лк. 12, 16–17*). Читай Евангелие и ищи, в чем мудрость христианина истинного:

не в нищете ли духа и самоотвержении? «Мы ничего не имеем, но всем обладаем», говорит апостол (*2Кор. 6, 10*).

* * *

«Возсияй в сердцах наших истинное солнце правды Твоея». *Церковь* молит Господа от лица всякого православного, чтобы Он научил нас совершенно правде Божией, чтобы она как солнце озаряла сердце, и душу нашу, и мысли наши, чтобы в нас не осталось ни одной темной страсти греха, ни одного лукавого помышления, никакого неприязненного чувства к кому-либо, чтобы человек был одет по чреслам и истиною по ребрам своим, чтобы «возлюбил правду и возненавидел беззаконие» (*Евр. 1, 9*). Вот что значит: «возсияй в сердцах наших истинное солнце правды Твоея, Господи».

* * *

Господи! Тебя ли, безмерно благого и непрестанно нам всячески благодеющего, огорчаем всякими грехами и всякими страстями? Исправь нас ими же веси судьбами и яви нас достойными Себя, чтобы нам жить достойно своего христианского звания и избрания.

У ног Твоих, Господи, лежим в слезах покаяния со всеми плакавшими святителями, пророками, священномучениками, апостолами и всеми праведными – и милости просим у Тебя молитвами их, и спасения душ, и Царствия Небесного, хотя и недостойны его по грехам нашим. Привожу Тебе в ходатайство Пречистую Твою Матерь, и соборы Ангелов, и всю разумную тварь – помилуй и спаси нас грешных по благодати и милости Твоей. Ей, аминь.

***

Господи, спаси народ русский, *Церковь* православную в России – погибают: всюду разврат, всюду неверие, богохульство, безначалие. Господи, все в Твоих руках, Ты – Вседержитель!

ОТВЕТСТВЕННОСТЬ ЧЕЛОВЕКА-ХРИСТИАНИНА ПЕРЕД БОГОМ

Ответственность человека-христианина перед Богом. Страшный Суд. Необходимость деятельного совершения собственного спасения по примеру святых. Молитва и чтение слова Божия

ЧАСТЬ I

Каково достоинство человека и души человеческой, когда Господь удостаивает его причастия пречистых Тела и Крови Своей и соделывает храмом Своим, храмом Святой Троицы! Помыслите об этом, смертные человеки, и поучитесь бессмертию, даруемому вам Победителем смерти. «Ядущий Мою Плоть и пиющий Мою Кровь имеет жизнь вечную» (*Ин. 6, 54*).

* * *

Душа – творческое начало: и наяву, и во сне, особенно во сне, она постоянно творит, измышляет или представляет всякие лица, вещи, виды природы самые разнообразные, разные события производит или видит так, что удивляешься, откуда это берется, творится, из какого неистощимого источника. Дивно это творческое свойство души. Откуда эти явления разнообразные, эти вещи, эти виды природы? Кто их представляет взору души? Странно, что спящий человек и не действующий никакими чувствами во сне и видит, и слышит, и осязает, и употребляет орган языка, который во время сна бывает совершенно связан и не действует. Душа во время сна действует самостоятельно, независимо от тела, как господствующее живое начало. «Дивны дела Твои, Господи» (*Пс. 138,14*)!

* * *

Душа человеческая – безмерной цены, по истине и правде Божией, а люди крайне мало или совсем не ценят, не радят о ней, не очищают от терния страстей, не радят о покаянии (покайтесь), об очищении, об украшении (брачная одежда), утверждении, о стремлении всеми силами и способностями к небу, к небесному на земле житию, как делали святые: «наше жительство – на небесах» (*Флп. 3,20*), об исполнении всякой добродетели. Большинство людей как бы намеренно предаются всяким страстям и мерзостям, всяким порокам и остаются нераскаянными. Горе людям, зарывающим таланты свои в землю и не умножающим данного Богом залога для своего же блаженства, славы Божией, для безмерной благости и щедрот. Читай, христианин, со вниманием и чаще Евангелие, разумей и слагай в сердце Слова Божий.

* * *

Один Создатель ведает все достоинство души человеческой, которую Он создал по образу и подобию Своему, и один Он может по достоинству оценить всю ее беспредельную любовь и преданность Ему, Господу Богу. Блажен человек-христианин, который поймет это и всем сердцем прилепится к Богу, Создателю и Искупителю своему, и претерпит всякие искушения в любви и преданности Ему, как Иов ветхозаветный, как апостолы, иерархи, мученики и все преподобные, Богу угодившие и удостоившиеся небесного гражданства за свою верность и преданность.

* * *

Все органическое и животное в мире живет своеобразною жизнью, во славу Божию, в провозвестие Его мудрости, благости, красоты Его, жизни первой и безначальной. Особенною, разумною, личною, вечною, блаженною жизнью дано от первоначальной и безначальной Жизни жить только ангелам и человеческому роду осмысленному, избранному, покорному велениям Творца, т.е. святым угодникам. И этой-то жизни мы должны достигать, по указаниям и заповедям Творца и при Его всесильном пособии, каждый день и час, – и нам поведено непрестанно бодрствовать, «потому что противник наш диавол ходит как рыкающий лев, ища, кого поглотить» (*1Пет. 5,8*).

* * *

Господь хочет, чтобы ты духовно возрастал и достигал зрелости, как колос хлебный, или процветал и благоухал пред Богом всякою добродетелью духовною, как прекрасный цвет полей и долин. Вот твое назначение, человек. Но вместе с тем Господь хочет, чтобы ты избегал всякого зловония греховного чрез покаяние и слезы, воздержание и бодрствование всегдашнее над собою, чрез борьбу с помыслами и греховными наклонностями и страстями, ибо «Царство Небесное силою берется, и употребляющие усилие восхищают его» (*Мф.11, 12*).

* * *

Из сострадания и безмерной любви Бог примесился человеческому естеству, чтобы избавить человека, созданного по образу Божию, от сродства и смешения диавольского, а он, человек, по научению диавола, примесился страстно ко всякой плоти бессловесных, уже не говоря о незаконных и противоестественных смешениях с человеческой плотью, примесился даже дереву и камню, создав богов каменных и деревянных и «говоря дереву: «ты мой отец», и камню: «ты родил меня» (*Иер. 2, 27*). Какая бессмыслица – грех! Какое противозаконие, какая насмешка врага над человеком! Избави нас, Господи, от такого безумия.

* * *

Вечная любовь Божия непрестанно окружает нас, назидает, хранит, направляет, помогает, укрепляет, делает победителями врагов видимых и невидимых и исцеляет болезни, очищает грехи, умиротворяет души, просвещает, утешает. Слава бесконечной любви!

* * *

В нашем уме, в сердце и в движениях нашей падшей воли почти непрестанно движутся и действуют мечтания греховные, мечтания тех или других страстей, которые с самой ранней юности в нас гнездятся и разрастаются, укореняются. Поэтому долг христианина и христианки – строго внимать себе, непрестанно гнать от себя эти греховные мечты, эту прелесть, эту мерзость диавольскую и свой сосуд духовный и телесный стяжавать в святости и чести, чтобы были всегдашними храмами Духа Святого. «Вы куплены дорогою ценою», говорит апостол, «прославляйте Бога... в телах ваших и в душах ваших, которые суть Божии»(*1Кор. 6, 20*). Поступайте «достойно звания, в которое вы призваны» (*Еф. 4, 1*).

* * *

«Суетен всякий человек», говорит Давид (*Пс. 38, 12*). «Суета сует и все суета», говорит Соломон (*Еккл. 1,2*). Даже большая часть христиан, получивших от Христа благодатный новый закон, служит суете.

* * *

Вспоминай вечерю велию и бесконечные блага, уготованные Домовладыкою, и званых на нее милостью Его: все отказались из-за пристрастий житейских, и потому ни один из званых не вкусит вечери Его. Это ужасно! Что за неверие, неуважение к Владыке! Что за леность, что за пристрастия нелепые! И, однако же, это так было и будет! Все идут широким путем легкого греха, все избегают пути тесного и прискорбного, очистительного, испытательного, приготовительного!

И прах-то земной будет свидетельствовать о нас на суде Божием. «И отрясите прах от ног ваших, во свидетельство на них» (*Мк. 6,11*). Боже мой, сколько свидетелей нашего нечестия! Куда убежим? Куда скроемся?

Все святые будут свидетелями спасительности веры Христовой против всех наших ученых невежд светских, кичащихся своим фальшивым образованием, против всех неправославных христиан, особенно же именующихся только православными христианами, изменившими давно своей вере на деле. Оттого мученики называются по-гречески **μ** άρτυρεξ – свидетели. Помни, христианин, сколько против тебя свидетелей на суде Христовом.

Люди в смятении, стихии в смятении, воздух, вода, земля, огонь в смятении – по грехам людей скоро стихии сжигаемые разорятся, земля и вся яже на ней сгорят. Грехи умножились до края. Нет больше возможности жить спокойно. *Церковь* Божия, Невеста Христова – украшайся, чтобы предстать светло Жениху Твоему прекрасному, нетленному, вечному.

* * *

Страшно тяжело было в час смертный Богочеловека всей природе: не напрасно «земля вся потряслась, камни разсеялись, солнце померкло, гробы отверзлись, и многие тела усопших святых воскресли, и вышедши из гробов, по воскресении Его явились многим» (*Мф. 27,51–53*). Но природа твердо держалась рукою Вседержителя и доселе еще держится... ждет конца, когда род человеческий обратится в смердящий труп и не для чего ему будет существовать, когда пшеница окончательно созреет и будет готова к окончательной жатве... Тогда сказано будет: «пусти серп твой и пожни, потому что пришло время жатвы» (*Апок. 14,15*).

В конце концов и мы все должны будем оставить здешний краткий век, перейти в вечность, явиться к святому и праведному Судии и Творцу всех Богу и дать отчет о своей жизни. Как и с чем мы явимся? Какой суд и приговор Его услышим на всю вечность? Вот о чем мы должны чаще размышлять, о чем заботиться. О, помышляйте все об этой будущей судьбе и готовьте дела свои благие, плоды свои духовные, да не явится никто бесплодным деревом.

Христос словом Лазаря воскресил из мертвых – значит, Он Творец Лазаря, Творец рода человеческого; Он воскресил словом сына вдовы – значит, Он тем же словом сотворил мир из небытия; Он словом запрещал ветрам и водам – значит, Он создал их Своим словом, Коему все повинуется; Он ходил по волнам морским, как по суше, – значит, Он Творец морей, озер, рек и всяких источников; Он огонь претворял в росу, воду в вино, реки в кровь, пыль земную в мошек, изводил из моря жаб для наказания египтян – значит, Он Творец стихий; поэтому, тем же словом Его, в последнее время земля обратится в пылающий огненный костер и стихии сжигаемы разорятся. Значит, тем же словом Господним и мертвые все воскреснут. Понятно ли безбожникам это чудное творчество и промышление Господа о мире?

Кончилась Четыредесятница, или Великий Пост. Приспел праздник воскрешения Христом праведного Лазаря из мертвых в показание воскресения Христова из мертвых и будущего всеобщего воскресения. Итак, в будущем для всех воскресении начнется новая жизнь вечная для праведных и покаявшихся, а для грешников неверующих и нераскаянных – мука вечная, как объявил о том Сам Христос. Слово Его не мимо идет. Праведный Лазарь после воскресения жил несколько лет, был архиереем и скончался в глубокой старости. Готовиться нужно всем к будущей жизни. Человек сотворен для жизни бесконечной, только грех ввел в мир смерть и жизнь краткую, полную болезни и скорбей; но Агнец Божий взял на Себя грех мира – Христос победил смерть.

Слава величайшему празднику Воскресения Христова из мертвых и торжеству воскресения.

Слава будущему общему воскресению людей. Никто да не смеет помрачить славы этого всемирного события. Никакие безбожники, никакой Толстой: неотразимая слава покрывает это событие, и *церковь* достойно празднует его, она одна во всем мире. Убого, нищенски, кукольно празднуется Воскресение Христово у католиков и у наших раскольников, потому что фальшиво, самодельно, а не от Духа Святого.

* * *

Так как супостат наш диавол сделался во многих все и старается быть все во всех людях силою омрачающею, оскверняющею, осатаняющею, растлевающею, умерщвляющею, обезображивающею, и старается поработить себе совершенно человеческий род, то Господь всеблагой, всеправедный, премудрый и всемогущий противовоюемому человеку хочет быть все во всех: святостью, правдою, силою противоборящею, побеждающею, просвещающею, очищающею, обновляющею, благоухающею, утверждающею, обессмертствующею, обоготворяющею. Слава Тебе, Троице Боже наш! Грех заразил весь род человеческий — душу и тело человека: ум, сердце и волю, органы физические, все чувства, зрение, слух, вкус, обоняние и осязание, заразил все стихии: воздух, воду, огонь, землю и свет — все осквернено грехом человеческим, потому «земля и все на ней дела сгорят» (*2Пет. 3, 10*), и будет новое небо и новая земля — нетленная, и «сама тварь освобождена будет от рабства тлению в свободу славы детей Божиих» (*Рим. 8,21*).

«Отныне не буду пить от плода сего виноградного до того дня, когда буду пить с вами новое вино в Царстве Отца Моего» (*Мф. 26,29*). Это говорит Господь как человек: Он предвидел небо новое и землю новую, в которых все человеки избранные обновятся и будут иметь все новое — и новый град, духовный Иерусалим, и новую пищу, и новое питье, которые суть Сам Христос и Дух Святой, и новое Солнце, или Светильник, Который есть Христос. Нынешний плод лозный — Кровь Христова есть образное питье будущего истинного приобщения Христова во царствии Его (подобного). Истее Тебе причащатися в невечернем дни Царствия Твоего.

***

Как тягостно для тела и темно для души вместе – отсутствие солнца. Как все от крайнего холода зацепенело, омертвело! Как печально, больно, скучно! А каково душе человеческой быть без благодати Божией, без молитвы, без Слова Божия, без богослужения, без причастия Святых Таинств! Многим только смерть покажет все сиротство, бедность, нищету их душ!

* * *

Господи, как будет некогда сожалеть душа человеческая о том, что, когда ей предоставлено было на ее волю избрание обогатиться богословием, созерцанием и боголюбием, вознестись над всем земным и тленным и наследовать Небесное Царство, она добровольно подчинилась тлению и плотским страстям, когда могла вознестись высоко, она опустилась низко-низко, до преисподней!

Ужасны слова Господа Иисуса Христа: «где червь их» (грешников) «не умирает и огонь не угасает» (*Мк. 9, 44*). Они сбудутся во всей истине и силе на нераскаянных грешниках – прелюбодеях, убийцах, татях и прочих. О, плачь, грешник, кровавыми слезами о беде ужасной, грядущей на тебя. А веришь ли, не веришь ли, придет к тебе эта беда и незаметно подкрадется. «Придет... в день, в который он не ожидает» (нечаянно), «и в час, в который не думает, и рассечет его, и подвергнет его одной участи с лицемерами; там будет плач и скрежет зубов» (*Мф. 24, 50–51*).

* * *

Всех грешников неверующих и нераскаянных ожидает вечное наказание, вечная мука, «уготованная диаволу и ангелам его» (*Мф. 25,41*), и справедливо, потому что они делали зло и исполняли волю его злую и пагубную. Каждый из нас испытывает в себе наказание за грех: смущение, скорбь и тесноту (*Рим. 2, 9*).

* * *

Жизнь настоящая есть школа духовная, борьба, подвиг, сражение с грехом или духами злобы поднебесной, борющими нас на зло. Нужно всякому учиться побеждать в себе грех с помощью Божией, ибо без Бога ни до порога и от Бога даны все Божественные силы к животу и благочестию; надо только не лениться использовать их. Хотите научиться восхищать силою Царство Небесное? Поучитесь у святых, как они подвизались, как они употребляли над собою всякое усилие, какое у них было самоотвержение, какое беспристрастие к богатству, к мирской чести и славе, к плотским удовольствиям; какое имели воздержание, какое усердие к Богу; какую молитву всегдашнюю; какой труд, какие добродетели! И как верно они дошли до Царствия Божия. Никто из них не посрамился, все получили нетленную жизнь и вечную славу, вечное блаженство, и находятся вне всякого страха потерять приобретенное Царство Небесное. Подражайте и вы им, каждый по силе своей, читайте, слушайте Слово Божие, внимайте, разумейте, стремитесь неустанно к цели вашей жизни – и получите вечное блаженство. Ведь вы трудились так или иначе для земного благоденствия; трудитесь же особенно для получения вечной жизни: «ищите прежде Царства Божия и правды Его, и это все, все земные блага, приложатся вам» (*Мф. 6, 33*). Аминь.

ЧАСТЬ 2

Как возвышенна, богата, светла, Божественна душа в святых Божиих человеках; на какие подвиги она способна была в них, т.е. во всех святых! К каким созерцаниям Божественным способна! К какому дару слова, к каким творениям, к каким песенным произведениям в *Иоанне Златоусте*, *Феодоре Студите*, Дамаскине, Иосифе Песнописце, Козьме Маюмском и прочих бесчисленных песнописцах церковных! А нынешние люди до чего упали! До бессловесных животных, да еще и хуже!

***

Удивительно существо души человеческой, хотя и падшей. Ибо какова она бывает у святых, усердно послуживших Господу в жизни сей временной! Сколь она бывает предана Богу любовью, с самоотвержением, молитвою, воздержанием, зрением непрестанным к Богу! Сколь чиста, тверда, светла, благоуханна! Да и сами тела святых издают благоухание. А кончина какова! Сколь мирна, славна, светла, свята!

***

Боже мой! Какое зрелище, какое небесное утешение преподобным Сергию и Серафиму! Сам Господь явно и торжественно является взору преподобного Серафима с небесными силами на малом входе литургии и неоднократно Пресвятая Владычица Богородица! А святому Сергию Богоматерь Сама со святыми в келью пожаловала. О утешение! О достоинство человека – христианина и подвижника! Слава так благоизволившему Богу!

* * *

Святые зорко следили за всеми движениями сердца своего и замечали, не гнездится ли в них какая неприязнь, недоброжелательство и злоба или зависть к кому-либо, лицеприятие, корысть, и немедленно искореняли эти диавольские корни, выбрасывали эту адскую закваску, – также и все другие страсти. Всякие корни и корешки немедленно секли по ревности Божией и не допускали им распространяться, да не подавят их и да не разлучат от Бога. Аминь.

* * *

Припомни единственное богатство Илии пророка – милоть, ниспущенную на Елисея при вознесении пророка. О, как он, Илия, любил Бога, как был чужд всякого житейского пристрастия! Весь был в Боге и прежде взятия его на небо жил сердцем на небе, с Богом. «Жив Господь Саваоф, пред Которым я стою», говорил он (*3Цар. 18,15*).

* * *

Как нам свойственно при хорошем зрении видеть находящиеся близко и в отдалении предметы, так святым ангелам, святым угодникам Божиим удобно видеть в Духе Святом, в Коем они пребывают, в Коем они почивают, – сердца людей, мысли и желания их, благодатью Божией.

Так называемые прозорливцы своими сердечными очами и на земле видели сердца и дела людей, тайно содеянные. Святой Андрей, Христа ради юродивый, обличал одного вельможу в тайном тяжком содомском грехе.

* * *

Божественное домостроительство человеческого спасения верно само в себе до йоты на пространстве всех веков, и обещания Господни верным и подвизающимся истинны до йоты. Ни один шествовавший верно и неуклонно путем Господним не постыдился, не погиб, но принял за подвиги свои нетленную награду – Царство Небесное. А мир как смотрит на подвиги людей веры и благочестия и на самих подвижников? Как на суеверов и иступленных, не верит в истину Божия домостроительства и потому погибает в неверии своем. О чудная истина Божественного домостроительства человеческого спасения!

* * *

«Всемирную славу, от человек прозябшую и Владыку рождшую, воспоим Марию Деву, безплотных» (ангелов) «песнь» (славу) «и верных удобрение» (прославление). «Сия бо явися небо и храм Божества». Так церковный песнописец, златострунный святой Дамаскин прославляет в первом своем догматике Пресвятую Деву Богородицу, успение Которой мы ныне воспоминаем и прославляем. Будем говорить с радостью и прославлять сию Деву и Матерь, всем миром прославляемую, из рода человеческого происшедшую, Которую непрестанно в радости славят бесплотные ангелы и земные верные человеки, ибо Она стала небом и храмом Божества. Пришла предопределенная кончина Ее земной многоскорбной жизни, и она уснула на три дня сном смертным, живоносным. Об Ней можно было тогда сказать: «не умерла Девица, но спит» (*Мф. 9, 24*). Да, Она уснула, умерла на три дня, как Христос Бог, Сын Ее, и в третий день воскресла. Она воскресла и взята на небо. О чудо! О блаженная участь! О радость бесконечная! Достойно и праведно! Ибо Ей, Пречистой, только бы, казалось, радоваться на земле как Всеправедной, а Она всю жизнь страдала за Сына Своего Единородного, всю жизнь боялась за Него по причине множества врагов Его – и царей мира сего, и ученых, и неверов, лицемеров, суеверов, коварных, гордых, льстивых, завистливых, сребролюбивых. Но вот кончилась земная жизнь Богочеловека, полная страданий. Распятый воскрес, началась вечная слава Его, Он воссел и по человечеству одесную Бога на престол славы. Она оставлена еще жить на земле, в доме усыновленного Ей апостола Иоанна. Уже почти в старости Она почила и скоро переселена в вечные пресветлые обители. И каково было Ее славное успение! Каким светом сияло пречистое лицо Ее! Какое дивное, бесконечное, неописуемое благоухание было от Ее приснодевственного Тела, как пишет святой *Дионисий Ареопагит*, бывший при Ее погребении! Какое сладостное ангельское пение! С какою честью, с каким дивным песнопением Она погребена при вдохновенном воспевании святого мученика Иерофея! Славный конец славного начала, жития земного!

* * *

Сколь прекрасен собор ангельский, бесчисленный и всестройный! Если видимый мир, например, звездный, так прекрасен, и земная природа со всеми ее стихиями, полями, лугами, садами, лесами, реками, морями, озерами, со всеми растениями и животным царством и прочими тварями так велика и прекрасна, то каков, сколь велик и прекрасен должен быть ангельский мир, светлый, безгрешный, умный, прекрасный, сильный, могучий! О красота, о величие, о блаженство, о хвалословие Творцу!

* * *

«Да торжествуют святые во славе, да радуются на ложах своих» (*Пс. 149,5*). Вспомним житие преподобной Ксении, оставление ею дома родителей, пренебрежение богатством и знатностью и обручником, ее огнепальную любовь ко Христу, пост, молитву, изнурение плоти, попечение о спасении душ девственниц. Отчего такое стремление к Богу в душах верных, благочестивых? Оттого, что подобное к подобному стремится, душа, по образу и подобию Божию созданная, стремится к Подобному, образ – к Первообразу, свет к Свету, жизнь к Жизни, сила благая к благой Силе, разум к Источнику премудрости. А люди неверные и несмысленные, грешные и злые стремятся к подобному, т.е. к злому и вселукавому диаволу, зло ко злу, тьма ко тьме, нечистота к нечистоте, злая сила к злой силе. Подобно юродивым девам, дремлют и спят люди неверующие и верующие, но верующие без добрых дел, без милости ближним. Юродивые при вере не имели добрых дел, потому и осуждены. О как многие из христиан будут осуждены!

* * *

Прочитывая со вниманием церковные службы святым на каждый день года и духом созерцая их подвиги, не могу надивиться их самоотверженной любви, неизреченному к ним снисхождению Божию и любви Божией к ним.

Сколько дарований духовных получили они от Бога, какие чудеса творили, какой дар пророчества имели! И при жизни, и по кончине Бог прославил их, и вселился в них, и почтил их славою и честью несказанною. Иные святые как солнце просияли при своей кончине, и ангелы были спутниками их на небо. Вот что значит душа человеческая, очищенная от грехов и возлюбившая всем сердцем Создателя своего!

* * *

Сколь прекрасны и разнообразны по форме, цвету и запаху бесчисленные цветы и вообще растения в природе и в разных климатах земных! Не насладиться досыта видом и запахом их. Если растения так прекрасны, то как благоухают в раю святые, праведники Божии всяких званий, степеней и достоинств! «Если... траву полевую, которая сегодня есть, а завтра будет брошена в печь, Бог так одевает, кольми паче вас, маловеры» (*Мф. 6, 30*). Старайся, человек, достигать внутренней красоты, веры, добродетели и не обленись. Как благоухают – лучше всяких цветов – мощи святых! Дивен Бог во святых Своих, да и во мне Он дивен, во мне, грешнике кающемся и принимающем от Господа непрестанно милость и суд.

* * *

Преображение Христа на Фаворе показывает, что если здешний свет солнечный так прекрасен и животворен, то сколько прекраснее и животворнее будущий вечный и невечерний свет.

* * *

Настоящий стихийный мир есть слабая тень будущих нетленных, вечных, сладостнейших благ. Суди по нынешним вещам о будущих нетленных благах. «Не видел того глаз, не слышало ухо, и не приходило то на сердце человеку, что приготовил Бог любящим Его» (*1Кор. 2, 9*). «Дивны дела Твои, Господи!» (*Пс. 138, 14*).

* * *

«Приидите, наследуйте Царство, уготованное вам от создания мира» (*Мф. 25, 34*). Что Ты говоришь, Господи, – «приидите, наследуйте»... Твои глаголы совершенно верны и истинны. Нам уготовано безмерною благостью Божией Царство вечное, нетленное, где нет нужды, болезней, печали и воздыхания, тления и смерти, но вечное наслаждение, вечная радость и правда. И мы, маловерные и суетные, не ревнуем, нерадим об этом Царстве, в котором праведники будут царствовать вечно с Богом и в Боге. О, как мы слепы, пристрастны к видимому и временному! Как мы жалки и глупы, несмысленны! Отрекаемся от вечного блаженства, сожития с Богом и святыми и прилепляемся к праху, к сновидению, к тьме и смраду духовному.

* * *

Кто достоин Небесного Царства из людей? Тот, кто старается всеми силами уподобиться в святости, благости, милости к ближним, подобно Богу, Отцу и Сыну и Святому Духу; кто старается уподобиться святым – в покаянии, молитве, воздержании, терпении, кротости, тихости, послушании, любви нелицемерной (а мы все склонны к лицеприятию). На небе место только святости, любви, единомыслию, единой воле святой и непорочной.

«Царствие Божие не пища и питие, но праведность и мир и радость в Святом Духе» (*Рим. 14,17*).

* * *

Ежедневно видя твердое и правильное течение всех светил и планет небесных и твердое стояние земного шара (круга) со всем, что на нем, я удивляюсь и не могу надивиться благости, силе и премудрости Творца, Единого в Троице, и, переносясь мысленно к миру невидимому, нетленному, вечному, несравненно превосходящему мир видимый, еще более поражаюсь удивлением Создателю всех миров, видимых и невидимых. Если мир видимый так прекрасен, разнообразен, полон жизни и красоты, то каков мир невидимый? Не напрасно сказано в Слове Божием, что «не видел этого глаз, не слышало ухо, и не приходило то на сердце человеку, что приготовил Бог любящим Его» (*1Кор. 2, 9*). Возлюбите же немедленно Бога, все смысленные христиане, и достигайте совершенства в любви и вечной правде.

* * *

«Если в чужом не были верны, кто даст вам ваше» (*Лк. 16, 12*). Чужое имение – это земное богатство, земные должности, земное тело, здравие, которыми мы не умели и не желали воспользоваться по Божию указанию как преходящими и временными. Наше истинное богатство – это душа наша, богатая образом и подобием Божиим, разумною свободною волею, бессмертием, способностью любить Бога и ближнего, каяться, молиться, благодарить и славить Бога. Вот наше имение – душа, по образу Божию сотворенная, которую мы сделали чуждою Богу по своим житейским пристрастиям. Святые угодники были верны Богу и в чужом имении, расточивши его бедным, и своим – своею душою воспользовались надлежащим образом, очистили ее молитвами и слезами покаяния, трудами бдения и поста, мучением за Христа. Итак, будем верны Богу и во внешнем, и во внутреннем имении, или в чужом и в своем. Свое – это душа, данная нам Богом для воспитания христианского, для восстановления образа Божия, для уподобления Богу и блаженства нескончаемого.

* * *

Человек ужасно непостоянен и изменчив вследствие первоначального повреждения в раю: с высоты горнего созерцания и помыслов Божественных он в мгновение может упасть в мерзость скверных, лукавых, блудных и хульных, злых и завистливых помыслов и чувств, так что после высокой духовной радости приходится тайно плакать о своем окаянстве. Блажен, кто благодатью Божией утвердился непоколебимо в Боге и избегнул козней Велиара-богохульника.

* * *

Человек так поврежден глубоко, растлен и осквернен грехом, до бесконечности многовидным, что, и подвизаясь долго в созерцании и богомыслии, если на минуту выпустит духовные бразды ума и сердца, сейчас может ниспуститься до мыслей и чувств низких, плотских, скверных; ибо корни грехов глубоко и во все стороны проникают сердце человеческое и бывает нередко, что до смерти человека остаются в нем и парализуют душу его; только терпением, воздержанием, молитвою непрестанною, болезнями и страданиями искореняются. «Я мелюсь зубами зверей, – говорил святой *Игнатий Богоносец*, – чтобы сделаться чистым хлебом Божиим».

* * *

Из-за преходящего, материального, не пренебрегай вечным, духовным, и не теряй любви и мира с ближними ради материальных потрат, убытков и лишений. Держись мира и любви. «Старайтесь иметь мир со всеми и святость, без которой никто не увидит Господа», говорит апостол (*Евр. 12,14*).

ЧАСТЬ 3

«Нет никого, кто оставил бы дом, или братьев, или сестер, или отца, или мать, или жену, или детей, или земли, ради Меня и Евангелия, и не получил бы ныне во сто крат больше..., а в будущем веке жизни вечной» (*Мк. 10, 29–30*). Почему? Потому, что все прилепившиеся к веку сему – дырявые колодцы, которые не могут иметь в себе воды живой и часто погибают лютою смертью.

Преходит образ мира сего как тленный, со всею его красотою, богатством, сладостью, славою и честью. Пребывают одни вечные блага, сокровища, вечная жизнь, правда, любовь со святостью и миром Божиим. Туда очи сердца устремляй, гряди там, «откуда придет помощь» (*Пс. 120,1*).

«Яко да и аз, со всеми избранными Твоими общник буду нетленных Твоих благ, яже уготовал еси любящим Тя, Господи!» Нетленные блага готовы, а я не стремлюсь получить их верою и упованием, усердием к добродетели. Увы мне, Господи!

Мы молимся ежедневно и славим великих угодников Божиих, предавших церкви молитвы свои в письменности, мы мыслим их мыслями, чувствуем их чувствами, сокрушаемся о своих грехах их сокрушением, стараемся возвыситься до их любви к общему Творцу и Богу, мы составляем с ними одну *церковь*, одно стадо Христово, и да будем мы помилованы и спасены. Только да не ослабеваем, да не разлениваемся в жизни, но да понуждаем себя к покаянию и всяким добрым делам. Святые жили, подвизались, боролись, терпели искушения, побеждали о имени Господа врагов внутренних и внешних и спаслись. Спасемся и мы, по милости Божией.

* * *

Христианин не только должен гнушаться всяких грехов, но не допускать до себя мысли греховной. Святость – стихия христианина, без нее христианин – не христианин. «Кто не имеет Духа Христова, тот не Его» (*Рим. 8, 9*). «Святы будьте, ибо Я свят, Господь Бог ваш» (*Лев. 11, 44*). Необходимо всегдашнее покаяние, всегдашняя борьба с грехом, молитва к Богу о помощи, – и помощь готова. Благодарение за нее, ибо сказано: «без Меня поможете делать ничего истинно доброго» (*Ин. 15, 5*).

* * *

Святые угодники Божии твердо взирали сердечными очами на будущую вечную жизнь и неуклонно стремились к ней всю жизнь. И ты твори так же.

Повсюду в мире мы видим торжество, силу, радость и игривость жизни: пресмыкающихся, насекомых, птиц, рыб бесчисленных пород, бесчисленных животных, зверей и царя земных тварей – человека; все живут, стремятся к довольству жизни и радости, к труду. Посмотрите, как весело летают и играют насекомые, например бабочки, кузнечики, мухи; птицы, рыбы, кошечки, собачки, овечки, телятки, жеребчики, – и подивимся в них радости и торжеству жизни. Но эта жизнь мимолетная, не долго все они забавляются и радуются: скоро их не будет, но на их место новые родятся, – и так, как бы колесом, кружится жизнь. Кто же им дал и дает всем жизнь? Жизнь безначальная, вечная, личная, премудрая, всеблагая – Бог. Но вожделенная для земных тварей жизнь с ее благами скоро проходит и оканчивается для бессловесных. Поэтому Всеблагая Личная Жизнь хочет и определила дать разумному существу человеческому вечную жизнь на небесах, вместе с Богом, и для достижения ее дала все средства человеку. Вот цель твоя, человек: стремись к вечной жизни и к вечной радости!

* * *

Ласкайся к Спасителю и Божьей Матери, как искренний сын или дочь, ласкайся, говорю, – прочитывая сердечно каноны, акафисты Иисусу Сладчайшему и Божией Матери, ласкайся и к святым горячими молитвами и положенными канонами и акафистами, и не будешь посрамлен, вскоре же сам ощутишь в своем сердце ласку небесную от Духа Святаго, но и не унывай, если сердце твое хладно чрез мрачные веянья врага бесплотного. Господь все видит, и никто не отходит тощ от Него, и скоро дает каждому по заслугам. Терпи, ибо сказано: «терпением вашим спасайте души ваши» (*Лк. 21, 19*).

Молясь Богу и святым, нужно понудить себя отложить всякие пристрастия житейские к людям и вещам, или всякое лицеприятие к людям и вещам, и понудить себя любить всех, как братьев и сестер, со всяким доброжелательством, как себя.

* * *

Ненасытно, радостно и непрестанно прославляют Господа Всетворца ангелы небесные, бесчисленные множеством, и святые человеки также, а мы, земные и оземленелые, дебелые, как ленивы на молитву, славословие и благодарение! Потому что пристрастились к земле, к плоти сладострастной и ленивой, к земным стяжаниям, разным удовольствиям чувственным. Чтобы достойно славить, любить Творца, нужно искоренять греховное самолюбие, самость, эгоизм. «Кто хочет идти за Мною, отвергнись себя, и возьми крест свой, и следуй за Мною» (*Мф. 16, 24*).

* * *

Долгий сон охлаждает сердце и притупляет к молитве. О, как осторожно надо предаваться сну. Наслаждение пищею и питием тоже охлаждает наше сердце к молитве.

* * *

Относись искренно, любовно, в простоте сердца, нелицемерно ко всякому человеку, не взирая на лицо, как желаешь, чтобы другие с тобой обращались. С большим благоговением и любовью относись, молись святым угодникам Божиим, особенно Матери Божией и всем святым. Даст Бог, ты увидишь их в будущем веке лицом к лицу, их светлость и славу, коих сподобил их Бог, и удостоверишься, что ты не напрасно чтил их и призывал здесь, на земле, быв во плоти и находясь в Церкви Божией, к которой они, как и ты, принадлежат как члены одного Тела Христова, Коего Он есть Глава.

* * *

«Да святится имя Твое, да приидет Царствие Твое, да будет воля Твоя, яко на небеси, и на земли» (*Мф. 6, 9–10*). Желаешь ли ты, грешник, искренне святости, ревнуешь ли ты, обладаемый от врага, губителя-диавола, мирного Царствия Божия, во-первых, в тебе самом, а затем – и во всех людях; хочешь ли искренне исполнять волю Божию праведную, всеблагую и желаешь ли и молишь ли Бога, чтобы все люди познали и исполняли волю Отца нашего Небесного? Говорим мы всякий день эти слова молитвы Господней без глубокого понимания их смысла и бросаем их как бы на ветер, и потому нет в нас благой перемены, а все остаемся такими же грешниками, нерадивыми и лукавыми.

* * *

С каким вниманием, с каким благоговением, с какой любовью, миром и благодарением мы должны произносить всегда имя Божие и молитву Господню: «Отче наш..», и все прочие молитвы. Имя Божие велико, свято, страшно, и одно именование Его для верующего – блаженно.

* * *

На небе принимают только искренний язык сердца верующего, молящегося, кающегося, милостивого и сострадательного к ближним, чистого и целомудренного: от сердца лукавого Господь отвращает Лицо Свое.

* * *

Когда молишься пред образом Господа, или Богоматери, или святых, спроси себя внутренне: искренно ли ты и с любовью ли взираешь на святые иконы, с верою ли, всем ли сердцем молишься, всем ли помышлением и всем ли упованием? Не спит ли твое сердце, не спит ли твоя мысль?

* * *

При молитвах наших за ближних Господь смотрит на сердца наши – искренно ли мы желаем спасения и всякого блага нашим ближним, как себе; во-вторых, на то, искренно ли мы гнушаемся грехом и любим покаяние и добродетель; в-третьих, на то, любим ли мы искренно Господа и сердечно ли преданы Ему; в-четвертых – не гневаемся ли на кого, не враждуем ли.

* * *

«Радуйся, Благодатная, Господь с Тобою» (*Лк. 1, 28*). Владычица прияла всю полноту благодати от Господа как Матерь (по человечеству) всесовершенного Творца, полноту правды, святости, благости, милосердия и сострадания к грешному и всячески бедствующему человечеству, полноту могущества и силы, блаженства, славы вечной и превосходства над всеми небесными силами. Она получила все десять таинств благодати и, по причине непостижимого обилия благодати, наподобие бесчисленных морских вод, может изобильно источать и источает всем с верою к Ней приходящим всякую благодатную помощь в бедах, скорбях и болезнях и во всяком обстоянии печальном находящимся. Приходи же к Ней с несомненной верой и упованием.

* * *

Прибегай к святым и всесильным молитвам Богоматери, не лишай себя этой благодати, – довлеет Ее молитва к умилостивлению за всех и за тебя. Аминь.

* * *

«Радуйся, Благодатная, Господь с Тобою» (*Лк. 1, 28*). Все в Тебе благодатно, Владычица: и чревоношение, и рождение, и воспитание, и благовещение, и зачатие от Духа Святого, и рождение предвечного Младенца; и вся жизнь Твоя полна благодати.

* * *

Лицом к лицу, уста к устам беседуем мы, христиане православные, с Господом, Богоматерью, святыми ангелами и всеми святыми. Вот что значит по православно-христианскому обычаю благоговейно пред иконами святыми «молиться духом и истиною» (*Ин. 4, 23*). Вот для чего мы поставляем их в храмах и в молитвенных домах (часовнях) и у себя в жилищах. Мы веруем в близость к нам Господа и святых Его и в то, что мы одно духовное тело с ними, одна *Церковь*, как и едина Глава их и наша, Господь Иисус Христос. При такой нашей вере в святые иконы и в *Церковь* будете ли вы, иконоборцы-еретики, бросать в них камнями осуждения клеветнического? Мы правы, а вы не правы и фальшивы.

* * *

В живоносном лице Спасителя, Божией Матери, Предтечи и святых изображена самая святая правда, благость, смирение, милосердие. С какою любовью надобно смотреть на святые иконы, на изображение святого Креста, на Евангелие и прочие святыни, напоминающие нам о великих делах и словесах Божиих и святых угодников. Так и смотри, а не поникай в землю лицом, не чуждайся сердцем и взором, как лютеране, пашковцы или евреи. Присвояйся небесной Церкви. Любишь памятники знаменитых чем-либо людей, любишь смотреть на их портреты, фотографии, отчего не любишь смотреть на лики святых? Ты непоследователен и весьма, весьма глуповат, фальшив и диковат.

* * *

Смотря на иконостас в храме, в часовне или дома, вспомни слова Спасителя: «вы... не чужие и не пришельцы, но сограждане святым и свои Богу» (*Еф. 2, 19*). И говори: по милости Божией мы, православные и верные христиане, сожители Богоматери и всем святым. Вот почему мы употребляем святые иконы и чтим их, а в них – самое первообразное, т.е. самих святых, составляем с ними один собор, одну *Церковь*, небесную и земную. Почитая их, мы вспоминаем и чтим их подвиги из любви к Богу, их верность и преданность Ему до смерти и хотим сами подражать им в вере и самоотвержении ради имени Его.

* * *

Православный христианин обращается лицом к святым иконам Спасителя, Божьей Матери, Ангелов и святых различных для того, чтобы наглядно показать свою веру в присутствии их, в близость их к себе; в святых иконах – реализуют, осуществляют веру нашу православную, а без святых икон мы висим как бы в воздухе, не зная, кому молимся. Молясь Господу, пророк Давид говорил: «взыщите Лица Его выну» (*Пс.104:4*); «Лица Твоего, Господи, взыщу» (*Пс.26:8*). «Лице Господне против делающих зло, чтобы истребить с земли память их» (*Пс.33:17*).

* * *

Святые апостолы и весь неисчислимый собор праведников и все святые суть небесные умы и о небесном, а не о земном помышляли и заботились: телом жили на земле, а сердцем и умом на небе. Жалки общества христианские, не почитающие святых, – они сами себя лишают святого примера их жития и ходатайства их. Господь Сам учит нас призывать в ходатаи святых Его угодников. «Вознесся дым фимиама с молитвами святых от руки Ангела пред Бога» (*Апок. 8, 4*). Лютеране, что вы на это скажете?

* * *

С верою и любовью призываю всех святых апостолов и пророков и всех святых и поклоняюсь им, а в лице их единому Богу, в них вселившемуся и пребывающему, – чту в них неотпадающую любовь к Творцу, их святость, нетленную жизнь, попрание ими всех соблазнов житейских, их небесное мудрование, их правду совершенную, преданность Господу, послушание Его заповедям, их терпение, их несокрушимое терпение в подвигах, в мучении за Христа, твердость в истине, в догматах, в заповедях, во всяком обучении добродетели.

Печаль берет меня о людях, не читающих Слова Божия вовсе, а читающих только газеты и светскую литературу без выбора. Горе им от неведения Слова Божия и воли Божией об них. Какой ответ дадут они Богу на суде?

* * *

Бесплотные враги употребляют все усилия, чтобы обесценить для нас в мыслях и сердцах наших изречения Слова Божия и слова молитв церковных и дать цену мирским, суетным книгам и листкам со всякими мирскими грехами и соблазнами (песни, драматические произведения, романы и прочее). Замечали некоторые за собою, как враги препятствовали им выговаривать слова Святого Писания и слова знакомых молитв, и сколько им причинили скорби, отчаяния, омрачения, смущая и умерщвляя их сердце (парализуя), сколько им надо было борьбы, самой напряженной, чтобы сломить врагов и спокойно и искренно читать Слово Божие и молитву.

* * *

В нашем ветхом человеке есть замашка при чтении Слова Божия или богослужебных книг или писаний святоотеческих и вообще священных книг иногда тайно противиться сказуемому, т.е. тому, что говорится и пишется. Это тайный голос противника – сатаны, который первый научился и научил падших духов и людей противиться Богу, Его святой истине и правде. Так, я замечал и замечаю, что и мне, сердцу и уму моему, диавол противится тайно при чтении молитв, канонов, стихир, *Символа веры*, и я должен побороть и низвергнуть его за мысли. О, окаянный, прочь от меня, враг истины и правды Божией! Ты ведешь ко лжи, проклятью и смерти слушающих тебя, как Адама и Еву.

ВЫДЕРЖКИ ИЗ ДНЕВНИКА ДЛЯ БИОГРАФИИ О. ИОАННА КРОНШТАДТСКОГО

Прославляю безмерное милосердие и долготерпение Божие ко мне и ко всем человекам. В продолжение семидесяти лет я согрешал каждый день и каялся, и Господь миловал меня, не наказывал меня по всей правде Своей, ожидая моего исправления каждый день. Дни юности моей прошли, – и в высшем учебном заведении, в Академии, я стал внимательнее относиться к своему внутреннему миру. Поступив священником, я жил не без греха, но больше и больше углублялся в смысл своего призвания, и Господь ежедневно миловал меня, даруя мне слезы покаяния, сподобляя меня частого причащения Святых Тайн; служение мое Святой Церкви, совершение молитв и Таинств было не без преткновений, невидимые враги сильно бороли и пленяли меня, смущали меня, особенно при совершении Таинств, борьба была на жизнь и на смерть, смерть духовную. Я каялся, плакал, побеждаемый, и получал прощение. Первые годы священства я не часто, не каждый день совершал литургию, и потому часто расслаблялся духовно, потом, увидев пользу ежедневного совершения литургии и причащения Святых Тайн, я стал ежедневно служить и причащаться. И во все годы священства и служения Богу сколько я получал милости от Него – нет числа. Благодарю Господа за чудные молитвы вечерние и утренние и правило ко Святому Причащению. Сколько Господь давал мне слез умиления очистительного, какие потоки милости изливал на меня, и это каждый день – даже доселе! Что я воздам Господу за все эти милости? Беззакония мои умножились паче числа песка морского, и я доселе еще жив, и еще каюсь, не переставая согрешать делом, словом, помышлением, леностью, нерадением, невоздержанием и всяким грехом, свойственным человеку. О Боже, милостив буди мне грешному еще и еще! Потерпи мне, состарившемуся в беззакониях, и очисти мя от всякой скверны плоти и духа. Аминь.

* * *

Господи, я испытываю ежедневно отталкивание от Тебя духа земной прелести, умерщвляющей меня, омрачающей, томящей суетностью. Постоянно я должен воевать с собою, со своими похотями и прелестью врага и умерщвлять все страсти, считая их нелепыми, бессмысленными и пагубными, а предпочитать всему и любить Тебя единого. О, сколь хитер, неусыпен, деятелен враг на погибель нашу! И не вдруг мы познаем его козни, а впоследствии, когда крайне надоест и опротивеет. Мы находимся часто в прелести его. Господи, избави нас от лукавого. «Пустынным живот блажен есть Божественным желанием воскрыляющимся» (антифон).

* * *

Господи, наполняй все существо мое, и да бежит от меня далеко всякое недоброжелательство, ни на одно мгновение да не касается меня эта нелепость. Весь да буду в Тебе и с Тобою, вседовлеющее Благо. Ты – мой живот. Ты – мой мир. Ты – мое блаженство, Ты – мой свет, и сила, и слава. Аминь.

Господи, не дай мне возмечтать о себе как бы о лучшем кого-либо из людей, но думать как о худшем всех и никого не осуждать, а себя судить строго.

* * *

Святой Ангел-хранитель ежедневно и ежечасно наставляет меня на путь спасения. Я это вижу сердечными очами, ощущаю и благодарю Бога и приставника Божия.

* * *

Каждый день Господь воссозидает и новотворит меня чрез служение литургии и причащение Святых животворящих Тайн; я вижу, чувствую, ощущаю это Божественное чудо и благодарю Творца и Воссоздателя моего, «новую тварь меня возсозидающего», исцеляющего, умиротворяющего. Что я принесу, или что воздам Тебе, Господи? Ничего у меня нет своего доброго, все – Твое. Научи меня горячо любить тебя, Господи Боже мой.

* * *

Троица – моя жизнь, мой свет, мир, избавление, спасение мое, лепота моя, мое здравие, мое довольство, промышление о мне и о всей твари, моя сила и слава, мое обновление пространное. Она – все для меня, никому я не завидую, всем доброжелательствую и молю Бога даровать всем на потребу, и богатым щедрую утробу и сострадательное сердце.

Хотел бы я видеть первоначальную Благость, Светлость, Красоту, Премудрость бесконечную, Силу, все создавшую, и носящую, и управляющую, но я не готов, нечист сердцем. «Имея такие обетования, очистим себя от всякой скверны плоти и .духа, совершая святыню в страхе Божием» (*2Кор. 7, 1*).

* * *

По моей старости (79 лет) каждый день есть особенная милость Божия, каждый час и каждая минута: сила моя физическая истощилась, зато дух мой бодр и горит к возлюбленному моему Жениху, Господу Иисусу Христу. Столько залогов милости я получал и получаю от Бога в этой жизни, надеюсь, что и в будущей жизни по смерти; а смерть есть рождение в жизнь вечную, Божией милостью и человеколюбием.

* * *

Слава Богу! Пятьдесят два года священству моему исполнилось Божиею благодатью и милостью, я жив еще, хотя болею. За столько лет благодатного священства не сумею благодарить Господа, Единого в Троице. Как мог, как умел, как старался, – служил, но много ошибался, недомогал, сильно враг борол. Покрой, Господи, все грехи мои милосердием Твоим.

Что воздам Тебе, Господи, яко Ты даровал мне милость родиться и воспитаться в православной вере и Церкви и в дорогом неоцененном отечестве, России, в которой издревле насаждена Православная *Церковь*. Благодарю и славлю Тебя, как могу, по благодати Твоей!

* * *

Господи, нет на языке человеческом слов достойно возблагодарить Тебя за все бесчисленные благодеяния, явленные Твоею благостью мне грешному в продолжение всей моей жизни, протекавшей пред Лицом Твоим, Отче щедрый! Даже доселе, вот уже семьдесят девятое лето хранишь и спасаешь меня на всякий день, и ныне особенно, в виду врагов моих, ищущих поглотить меня за то, что я – раб Твой, хотя и недостойный. Но даруй мне, Господи, благодать совершенно благодарить Тебя и стяжать житие чистое, покаянием мне созданное, даруй избежать прелести греха многообразного, борющего и украсть меня у Тебя хотящего. Даруй мне прославлять Тебя громко-громко в этом безбожном мире. Аминь.

СЛОВО

(Приводимая ниже проповедь о. Иоанна печатается с его рукописи)

28 июля 1907 года

В одной из утренних молитв к Богу Всетворцу мы читаем: «и спаси нас и введи в Царство Твое вечное, ибо Ты мой Творец и всякого блага Промысленник и Податель». Я сегодня на утренней молитве обратил на эти слова особенное внимание. В них заключаются важные и весьма поучительные и утешительные мысли.

Все мы грешны, не имеем свободы от грехов, все мы, как и все вещи и существа в мире, и тела наши тленны и скоропреходящи, исчезновенны; между тем душа наша вечна и хочет вечного существования и старается чем-либо увековечить себя; верующие и благочестивые души имеют стремление к вечной жизни и считают здешнюю жизнь за сон и мечту скоропреходящую. Мы, христиане, из книги Евангелия, которое есть Слово истины вечной и непреходящей, научены веровать в вечную жизнь и каждый день говорим в себе: «чаю воскресения мертвых и жизни будущего века». Христос Бог наш есть воскресение и жизнь. Он даровал нам жизнь вечную. «Христос воскресе из мертвых, смертию смерть поправ, и всем сущим во гробах жизнь даровав». Так, дорогие братья и сестры, есть царство вечного света, вечной жизни, вечной любви, вечной правды, вечного мира, вечной красоты, вечного, некончаемого и невообразимого блаженства для приготовивших себя к будущему веку. Это – истина непреложная. Но также несомненная истина есть и то, что к этому царству мира, правды и любви мы должны здесь приготовиться. Этому приготовлению учит нас Евангелие, учит *Церковь*. Мы должны обучить себя здесь правой вере и всем христианским добродетелям: любви, простосердечию, кротости, смирению, благости и милосердию, непамятозлобию, воздержанию и началу и концу всякой добродетели – молитве всегдашней. Без молитвы христианин, как рыба без воды, жить не может.

Будем же, дорогие братья и сестры, готовиться к вечному царствию верою, молитвою и добродетелью. Аминь.

Слава Богу!

ПРАВЕДНЫЙ ИОАНН КРОНШТАДТСКИЙ (СЕРГИЕВ)

Праведный Иоанн Кронштадтский (в миру Иван Ильич Сергиев) – одна из самых ярких и почитаемых фигур в истории Русской Православной Церкви. Родился он 19 октября (1 ноября) 1829 года в деревне Сура Архангельской губернии, в семье бедного сельского дьячка. С раннего возраста Иоанн воспитывался в глубокой вере и стремлении к Богу, что стало основой для его дальнейшей жизни и служения.

Детство Иоанна было непростым: он рос в бедности, и это глубоко влияло на его личность. С ранних лет будущий праведник привык к труду и самоотверженности. В школе Иоанн не сразу отличался успехами в учебе, но постоянное стремление к знаниям и молитва помогли ему преодолеть трудности. Однажды, по его собственным воспоминаниям, молитва изменила его жизнь: он стал лучше понимать учебные предметы, особенно Священное Писание, и вскоре стал одним из лучших учеников.

После окончания Архангельского духовного училища Иоанн поступил в Архангельскую духовную семинарию, а затем в Санкт-Петербургскую духовную академию. В академии Иоанн Сергиев выделялся не только своей успеваемостью, но и глубоким духовным рвением. Его стремление к монашескому подвигу сочеталось с желанием служить людям, и в 1855 году он окончил академию со степенью кандидата богословия.

Вместо того чтобы остаться преподавателем, что считалось престижным в его время, Иоанн выбрал служение простому народу. В 1855 году он был назначен священником в Андреевский собор в Кронштадте, где и начал свое служение, которое продлилось более 50 лет. Именно в Кронштадте он стал известен как великий пастырь, духовник и чудотворец. В скором времени его служение стало известным не только в Кронштадте, но и по всей России.

Особое внимание Иоанн уделял помощи бедным и обездоленным. В Кронштадте того времени было много бедняков, бездомных и людей, страдающих от алкоголизма и других пороков. Отец Иоанн, несмотря на свою известность и влияние, жил очень скромно, отдавая большую часть своих средств на помощь нуждающимся. Он организовал множество благотворительных проектов, открывал приюты, школы и больницы для бедных.

Священническое служение Иоанна Кронштадтского было поистине уникальным. Он совершал ежедневные богослужения, где тысячи верующих собирались на его Литургии. Его служба была особенной, пронизанной глубокой молитвой и духовной силой. Многие люди, пришедшие к нему, свидетельствовали о чудесах исцелений и духовных преображений, происходивших по его молитвам.

Одной из важнейших особенностей его служения была исповедь и духовное окормление. Отец Иоанн всегда находил время для своих духовных чад, независимо от их социального положения. Его духовные наставления, проповеди и молитвы вдохновляли и утешали тысячи людей. Он уделял особое внимание тому, чтобы люди не просто формально исполняли религиозные обряды, а по-настоящему стремились к Богу и искреннему покаянию.

Труды праведного Иоанна были направлены на духовное обновление общества. Его проповеди звучали не только в храмах, но и через многочисленные публикации его дневников и размышлений. Он писал о вере, о Церкви, о человеческом падении и искуплении через Христа. Его духовные дневники стали настоящими руководствами по духовной жизни для многих верующих. В них отец Иоанн делился своими мыслями о борьбе с грехом, об отношениях с Богом, о значении молитвы и покаяния.

Один из самых значительных его трудов — сборник дневниковых записей "Моя жизнь во Христе", где праведный Иоанн размышляет о вере, молитве и духовной борьбе. Эти записи, исполненные личных переживаний и глубоких богословских размышлений, стали настольной книгой для многих православных христиан, помогая им укрепиться в вере и глубже понять путь христианской жизни.

Жизнь Иоанна Кронштадтского была насыщена духовными трудами и подвигами. Его служение простиралось далеко за пределы Кронштадта — он часто ездил по всей России, проповедуя и окормляя свою паству. Его проповеди и благодатное служение привлекали огромное количество верующих, которые видели в нем пример живой веры и любви к Богу и ближнему.

Скончался отец Иоанн 20 декабря 1908 года. Его смерть была воспринята как великая утрата для всей православной России. Тысячи людей пришли проститься с ним, а его похороны стали событием общенационального масштаба. Он был погребен в Иоанновском монастыре на Карповке, который был основан им в 1900 году.

Праведный Иоанн Кронштадтский был прославлен в лике святых Русской Православной Церкви в 1990 году, и его память отмечается 2 января и 20 декабря. Сегодня его имя связано с примерами бескорыстного служения Богу и ближнему, молитвы и милосердия. Его труды, такие как "Моя жизнь во Христе" и "Живой колос", продолжают вдохновлять верующих на духовный подвиг, любовь и милосердие.

Его жизнь является примером для всех, кто стремится к истинной вере и хочет следовать по пути Христа. Отец Иоанн, как человек великой духовной силы и чистоты, оставил после себя неизгладимый след в истории Русской Православной Церкви и в сердцах миллионов верующих.

Православная библиотека – Orthodox Logos

- *Песня церкви - Праведники наших дней* – Артём Перлик
- *Сказки* – Артём перлик
- *Патристика* – Артём Перлик
- *Следом за овцами - Отблески внутреннего царства* – Монахиня Патрикия
- *Откровенные рассказы странника духовному своему отцу*
- *Семь слов о жизни во Христе* – праведный Николай (Кавасила)
- *О молитве* – святитель Игнатий (Брянчанинов)
- *Об умной или внутренней молитве* – преподобный Паисий (Величковский)
- *В помощь кающимся* – святитель Игнатий (Брянчанинов)
- *Христианство по учению преподобного Макария Египетского* – преподобный Иустин (Попович), Челийский
- *Философские пропасти* – преподобный Иустин Челийский (Попович)
- *Священное Предание: Источник Православной веры* – митрополит Каллист (Уэр)
- *Толкование на Евангелие от Матфея* – святой Феофилакт Болгарский, архиепископ Охридский
- *Толкование на Евангелие от Марка* – святой Феофилакт Болгарский, архиепископ Охридский
- *Толкование на Евангелие от Луки* – святой Феофилакт Болгарский, архиепископ Охридский
- *Толкование на Евангелие от Иоанна* – святой Феофилакт Болгарский, архиепископ Охридский
- *Таинство любви* – Павел Евдокимов

- *Мысли о добре и зле* – святитель Николай Сербский (Велимирович)
- *Миссионерские письма* – святитель Николай Сербский (Велимирович)
- *Живой колос* – праведный Иоанн Кронштадтский (Сергиев)

www.orthodoxlogos.com

www.ingramcontent.com/pod-product-compliance
Lightning Source LLC
LaVergne TN
LVHW041635060526
838200LV00040B/1576